Vida

PLANNER

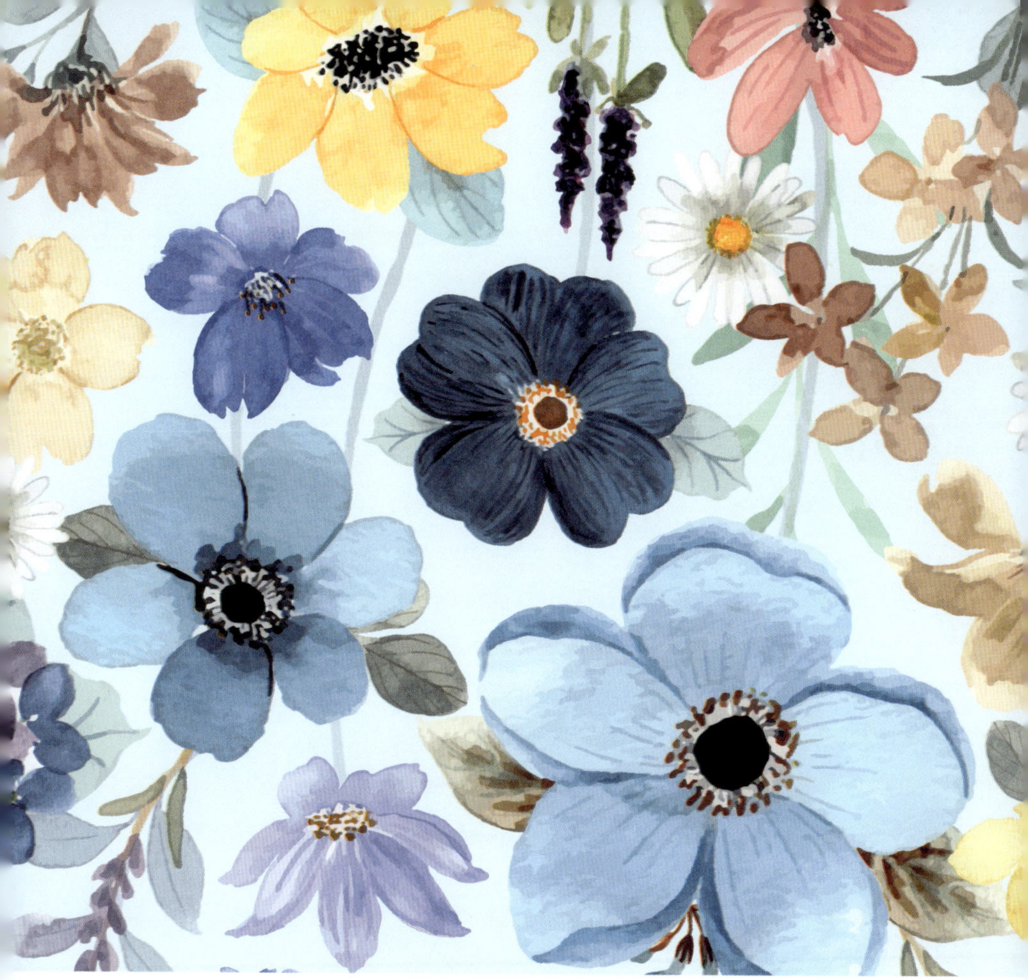

ESTE PLANNER PERTENCE A

Dados pessoais

NOME:

RG: CPF:

ENDEREÇO:

TELEFONE:

CELULAR / WHATSAPP:

E-MAIL:

Redes sociais

Sobre o planner

Me chamo Tati Soeiro.

Sou esposa do Rodrigo Soeiro, mãe do Davi e do Lorenzo, formada em Odontologia e Teologia. Hoje pastoreio a igreja ADAI, junto ao meu esposo, e também lidero o Movimento Flores, que é o movimento de mulheres da nossa igreja.

Em todos esses anos de Movimento Flores, Deus tem nos direcionado a viver de maneira corajosa em resposta ao Seu chamado. Tem sido desafiador, mas ao mesmo tempo revigorante, viver tudo o que o Senhor tem para cada uma de nós, individualmente e também em comunidade.

O planner Vida foi criado com muito carinho, para que você se torne realmente a pessoa que deseja ser. Para isso, eu gostaria de fazer as seguintes perguntas:

Você está realizando as coisas que quer realizar na vida? Você é uma pessoa com propósito ou passa pelos dias, semanas, meses e anos esperando para ver para onde a vida vai te levar?

Quando vivemos uma vida improdutiva, não devemos culpar as circunstâncias, as outras pessoas, a maneira como o mundo é hoje ou qualquer outra coisa. Deus nos criou e nos deu o livre-arbítrio. Isso significa que temos a capacidade de fazer escolhas em todas as áreas da vida e, se não fizermos nossas próprias escolhas guiadas por Deus, acabaremos com nada, além de frustrações.

Deus tem uma vontade e um propósito para cada uma de nós, e o desejo Dele é o de que usemos o nosso livre-arbítrio para escolher a Sua vontade para que possamos desfrutar da melhor vida possível.

Espero e oro para que você ande nessa verdade nos próximos doze meses, aproveitando a VIDA e fazendo valer cada momento para realizar o seu propósito! Também oro para que este planner te ajude nessa missão.

No amor de Cristo Jesus,
Tati Soeiro

Oração de Consagração

Use este espaço para fazer uma oração a Deus, consagrando o seu novo ano a Ele e pedindo também que este planner auxilie em sua VIDA.

Metas e sonhos para este ano

Vida pessoal e social
- [ ]
- [ ]
- [ ]
- [ ]
- [ ]
- [ ]
- [ ]
- [ ]
- [ ]
- [ ]

Vida profissional
- [ ]
- [ ]
- [ ]
- [ ]
- [ ]
- [ ]
- [ ]
- [ ]
- [ ]
- [ ]

Igreja e vida espiritual
- [ ]
- [ ]
- [ ]
- [ ]
- [ ]
- [ ]
- [ ]
- [ ]
- [ ]
- [ ]

Outras metas
- [ ]
- [ ]
- [ ]
- [ ]
- [ ]
- [ ]
- [ ]
- [ ]
- [ ]
- [ ]

Checklist de leitura bíblica

ANTIGO TESTAMENTO
Pentateuco

Gênesis

1	2	3	4	5	6	7	8	9	10	11	12	13
14	15	16	17	18	19	20	21	22	23	24	25	26
27	28	29	30	31	32	33	34	35	36	37	38	39
40	41	42	43	44	45	46	47	48	49	50		

Êxodo

1	2	3	4	5	6	7	8	9	10	11	12	13
14	15	16	17	18	19	20	21	22	23	24	25	26
27	28	29	30	31	32	33	34	35	36	37	38	39
40												

Levítico

1	2	3	4	5	6	7	8	9	10	11	12	13
14	15	16	17	18	19	20	21	22	23	24	25	26
27												

Números

1	2	3	4	5	6	7	8	9	10	11	12	13
14	15	16	17	18	19	20	21	22	23	24	25	26
27	28	29	30	31	32	33	34	35	36			

Deuteronômio

1	2	3	4	5	6	7	8	9	10	11	12	13
14	15	16	17	18	19	20	21	22	23	24	25	26
27	28	29	30	31	32	33	34					

Livros históricos

Josué

1	2	3	4	5	6	7	8	9	10	11	12	13
14	15	16	17	18	19	20	21	22	23	24		

Juízes

1	2	3	4	5	6	7	8	9	10	11	12	13
14	15	16	17	18	19	20	21					

Rute

1	2	3	4

I Samuel

1	2	3	4	5	6	7	8	9	10	11	12	13
14	15	16	17	18	19	20	21	22	23	24	25	26
27	28	29	30	31								

II Samuel

1	2	3	4	5	6	7	8	9	10	11	12	13
14	15	16	17	18	19	20	21	22	23	24		

I Reis

1	2	3	4	5	6	7	8	9	10	11	12	13
14	15	16	17	18	19	20	21	22				

II Reis

1	2	3	4	5	6	7	8	9	10	11	12	13
14	15	16	17	18	19	20	21	22	23	24	25	

I Crônicas

1	2	3	4	5	6	7	8	9	10	11	12	13
14	15	16	17	18	19	20	21	22	23	24	25	26
27	28	29										

II Crônicas

1	2	3	4	5	6	7	8	9	10	11	12	13
14	15	16	17	18	19	20	21	22	23	24	25	26
27	28	29	30	31	32	33	34	35	36			

Esdras

1	2	3	4	5	6	7	8	9	10

Neemias

1	2	3	4	5	6	7	8	9	10	11	12	13

Ester

1	2	3	4	5	6	7	8	9	10

Jó

1	2	3	4	5	6	7	8	9	10	11	12	13
14	15	16	17	18	19	20	21	22	23	24	25	26
27	28	29	30	31	32	33	34	35	36	37	38	39
40	41	42										

Salmos

1	2	3	4	5	6	7	8	9	10	11	12	13
14	15	16	17	18	19	20	21	22	23	24	25	26
27	28	29	30	31	32	33	34	35	36	37	38	39
40	41	42	43	44	45	46	47	48	49	50	51	52
53	54	55	56	57	58	59	60	61	62	63	64	65
66	67	68	69	70	71	72	73	74	75	76	77	78
79	80	81	82	83	84	85	86	87	88	89	90	91
92	93	94	95	96	97	98	99	100	101	102	103	104
105	106	107	108	109	110	111	112	113	114	115	116	117
118	119	120	121	122	123	124	125	126	127	128	129	130
131	132	133	134	135	136	137	138	139	140	141	142	143
144	145	146	147	148	149	150						

Provérbios

1	2	3	4	5	6	7	8	9	10	11	12	13
14	15	16	17	18	19	20	21	22	23	24	25	26
27	28	29	30	31								

Eclesiastes

1	2	3	4	5	6	7	8	9	10	11	12

Cântico dos Cânticos

1	2	3	4	5	6	7	8

Isaías

1	2	3	4	5	6	7	8	9	10	11	12	13
14	15	16	17	18	19	20	21	22	23	24	25	26
27	28	29	30	31	32	33	34	35	36	37	38	39
40	41	42	43	44	45	46	47	48	49	50	51	52
53	54	55	56	57	58	59	60	61	62	63	64	65
66												

Jeremias

1	2	3	4	5	6	7	8	9	10	11	12	13
14	15	16	17	18	19	20	21	22	23	24	25	26
27	28	29	30	31	32	33	34	35	36	37	38	39
40	41	42	43	44	45	46	47	48	49	50	51	52

Lamentações

1	2	3	4	5

Ezequiel

1	2	3	4	5	6	7	8	9	10	11	12	13
14	15	16	17	18	19	20	21	22	23	24	25	26
27	28	29	30	31	32	33	34	35	36	37	38	39
40	41	42	43	44	45	46	47	48				

Daniel
| 1 | 2 | 3 | 4 | 5 | 6 | 7 | 8 | 9 | 10 | 11 | 12 |

Oseias
| 1 | 2 | 3 | 4 | 5 | 6 | 7 | 8 | 9 | 10 | 11 | 12 | 13 |
| 14 | | | | | | | | | | | | |

Joel
| 1 | 2 | 3 |

Amós
| 1 | 2 | 3 | 4 | 5 | 6 | 7 | 8 | 9 |

Obadias
| 1 |

Jonas
| 1 | 2 | 3 | 4 |

Miqueias
| 1 | 2 | 3 | 4 | 5 | 6 | 7 |

Naum
| 1 | 2 | 3 |

Habacuque
| 1 | 2 | 3 |

Sofonias
| 1 | 2 | 3 |

Ageu
| 1 | 2 |

Zacarias

1	2	3	4	5	6	7	8	9	10	11	12	13
14												

Malaquias

1	2	3	4

NOVO TESTAMENTO

Mateus

1	2	3	4	5	6	7	8	9	10	11	12	13
14	15	16	17	18	19	20	21	22	23	24	25	26
27	28											

Marcos

1	2	3	4	5	6	7	8	9	10	11	12	13
14	15	16										

Lucas

1	2	3	4	5	6	7	8	9	10	11	12	13
14	15	16	17	18	19	20	21	22	23	24		

João

1	2	3	4	5	6	7	8	9	10	11	12	13
14	15	16	17	18	19	20	21					

Atos dos Apóstolos

1	2	3	4	5	6	7	8	9	10	11	12	13
14	15	16	17	18	19	20	21	22	23	24	25	26
27	28											

Romanos

1	2	3	4	5	6	7	8	9	10	11	12	13
14	15	16										

I Coríntios
1	2	3	4	5	6	7	8	9	10	11	12	13
14	15	16										

II Coríntios
1	2	3	4	5	6	7	8	9	10	11	12	13

Gálatas
1	2	3	4	5	6

Efésios
1	2	3	4	5	6

Filipenses
1	2	3	4

Colossenses
1	2	3	4

I Tessalonicenses
1	2	3	4	5

II Tessalonicenses
1	2	3

I Timóteo
1	2	3	4	5	6

II Timóteo
1	2	3	4

Tito
1	2	3

Filemom
| 1 |

Hebreus
| 1 | 2 | 3 | 4 | 5 | 6 | 7 | 8 | 9 | 10 | 11 | 12 | 13 |

Tiago
| 1 | 2 | 3 | 4 | 5 |

I Pedro
| 1 | 2 | 3 | 4 | 5 |

II Pedro
| 1 | 2 | 3 |

I João
| 1 | 2 | 3 | 4 | 5 |

II João
| 1 |

III João
| 1 |

Judas
| 1 |

Apocalipse
| 1 | 2 | 3 | 4 | 5 | 6 | 7 | 8 | 9 | 10 | 11 | 12 | 13 |
| 14 | 15 | 16 | 17 | 18 | 19 | 20 | 21 | 22 | | | | |

2023 CALENDÁRIO

Janeiro

SEG	TER	QUA	QUI	SEX	SAB	DOM
						1
2	3	4	5	6	7	8
9	10	11	12	13	14	15
16	17	18	19	20	21	22
23	24	25	26	27	28	29
30	31					

Fevereiro

SEG	TER	QUA	QUI	SEX	SAB	DOM
		1	2	3	4	5
6	7	8	9	10	11	12
13	14	15	16	17	18	19
20	21	22	23	24	25	26
27	28					

Março

SEG	TER	QUA	QUI	SEX	SAB	DOM
		1	2	3	4	5
6	7	8	9	10	11	12
13	14	15	16	17	18	19
20	21	22	23	24	25	26
27	28	29	30	31		

Abril

SEG	TER	QUA	QUI	SEX	SAB	DOM
					1	2
3	4	5	6	7	8	9
10	11	12	13	14	15	16
17	18	19	20	21	22	23
24	25	26	27	28	29	30

Maio

SEG	TER	QUA	QUI	SEX	SAB	DOM
1	2	3	4	5	6	7
8	9	10	11	12	13	14
15	16	17	18	19	20	21
22	23	24	25	26	27	28
29	30	31				

Junho

SEG	TER	QUA	QUI	SEX	SAB	DOM
			1	2	3	4
5	6	7	8	9	10	11
12	13	14	15	16	17	18
19	20	21	22	23	24	25
26	27	28	29	30		

Julho

SEG	TER	QUA	QUI	SEX	SAB	DOM
					1	2
3	4	5	6	7	8	9
10	11	12	13	14	15	16
17	18	19	20	21	22	23
24	25	26	27	28	29	30
31						

Agosto

SEG	TER	QUA	QUI	SEX	SAB	DOM
	1	2	3	4	5	6
7	8	9	10	11	12	13
14	15	16	17	18	19	20
21	22	23	24	25	26	27
28	29	30	31			

Setembro

SEG	TER	QUA	QUI	SEX	SAB	DOM
				1	2	3
4	5	6	7	8	9	10
11	12	13	14	15	16	17
18	19	20	21	22	23	24
25	26	27	28	29	30	

Outubro

SEG	TER	QUA	QUI	SEX	SAB	DOM
						1
2	3	4	5	6	7	8
9	10	11	12	13	14	15
16	17	18	19	20	21	22
23	24	25	26	27	28	29
30	31					

Novembro

SEG	TER	QUA	QUI	SEX	SAB	DOM
		1	2	3	4	5
6	7	8	9	10	11	12
13	14	15	16	17	18	19
20	21	22	23	24	25	26
27	28	29	30			

Dezembro

SEG	TER	QUA	QUI	SEX	SAB	DOM
				1	2	3
4	5	6	7	8	9	10
11	12	13	14	15	16	17
18	19	20	21	22	23	24
25	26	27	28	29	30	31

VISÃO SEMESTRAL

JANEIRO	FEVEREIRO	MARÇO

ABRIL	MAIO	JUNHO

VISÃO SEMESTRAL

JULHO	AGOSTO	SETEMBRO

OUTUBRO	NOVEMBRO	DEZEMBRO

Janeiro

SEG	TER	QUA	QUI	SEX	SAB	DOM
						1
2	3	4	5	6	7	8
9	10	11	12	13	14	15
16	17	18	19	20	21	22
23	24	25	26	27	28	29
30	31					

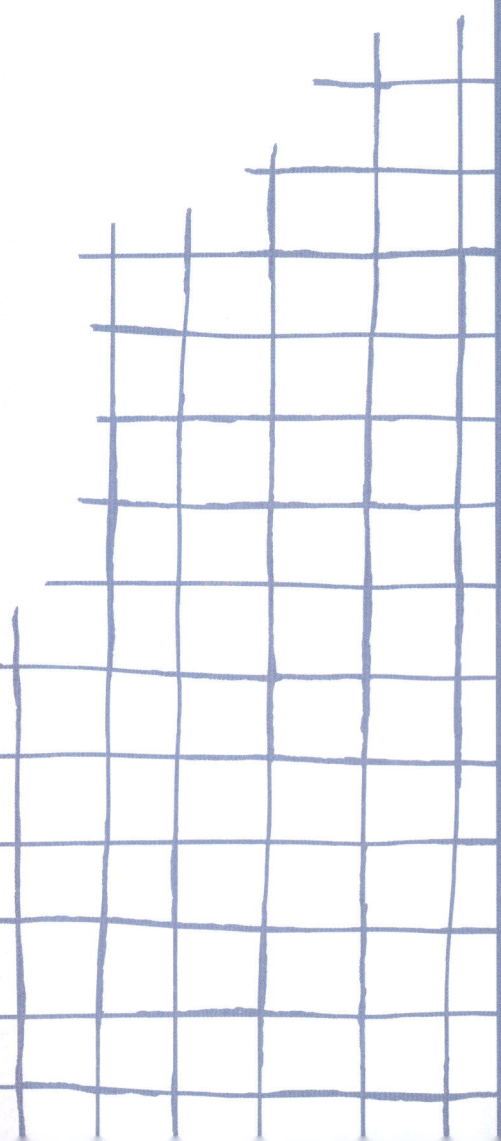

Devocional

> **Marcos 14: 9**
> "Eu lhes asseguro que onde quer que o evangelho for anunciado, em todo o mundo, também o que ela fez será contado em sua memória."

Quando Jesus foi a Betânia, seis dias antes da Páscoa, estava em um jantar com seus amigos. Maria entrou na casa com um frasco de alabastro contendo um perfume muito caro, feito de nardo puro. Ela quebrou o frasco e derramou o perfume sobre a cabeça de Jesus. Naquele momento, alguns dos presentes começaram a dizer uns aos outros, indignados: *"Por que esse desperdício de perfume?"* Porém, Jesus a dignificou com palavras, ficou grato pelo que aquela mulher havia feito.

Jesus chegou a dizer que a atitude dessa mulher seria contada e lembrada por onde o evangelho fosse anunciado.

Era a história de Maria que Jesus estava escrevendo naquela noite, e nós só podemos conhecer essa história devido a sua ousada e amorosa extravagância em relação a Deus.

Em Maria, vemos o que significa "desperdiçar" a nossa vida em Deus. É por meio dessa história que Deus nos convida a demonstrar uma expressão de amor radical, o tipo de amor que lança tudo aos seus pés, independentemente de ser visto, aprovado ou aplaudido.

Minha oração, é para que você entenda o convite de Deus para se abrigar Nele, um abrigo que vai tirar os seus olhos das ocupações da vida e te levará à pessoa de Jesus.

Termino com uma pergunta a você: "Quando sua vida estiver difícil e sem sentido, você se abrigará em Deus?".

NOTAS

IMPORTANTE

LISTA DE TAREFAS

Outras informações:

OBJETIVOS E METAS DO MÊS

Dia a dia
JANEIRO

Segunda-feira	Terça-feira	Quarta-feira	Quinta-feira
2	3	4	5
9	10	11	12
16	17	18	19
23	24	25	26
30	31		

Sexta-feira	Sábado	Domingo
		1
6	7	8
13	14	15
20	21	22
27	28	29

SEMANA 1

Observações:

Domingo 1

SEMANA 2

Segunda-feira 2

Terça-feira 3

Quarta-feira 4

Quinta-feira 5

Sexta-feira 6

Sábado 7

Domingo 8

SEMANA 3

Segunda-feira — 9

Terça-feira — 10

Quarta-feira — 11

Quinta-feira — 12

Sexta-feira — 13

Sábado — 14

Domingo — 15

SEMANA 4

Segunda-feira — 16

Terça-feira — 17

Quarta-feira — 18

Quinta-feira — 19

Sexta-feira — 20

Sábado — 21

Domingo — 22

SEMANA 5

Segunda-feira — 23

Terça-feira — 24

Quarta-feira — 25

Quinta-feira — 26

Sexta-feira — 27

Sábado — 28

Domingo — 29

SEMANA 6

Segunda-feira 30

Terça-feira 31

Observações:

FEVEREIRO

Fevereiro

SEG	TER	QUA	QUI	SEX	SAB	DOM
		1	2	3	4	5
6	7	8	9	10	11	12
13	14	15	16	17	18	19
20	21	22	23	24	25	26
27	28					

Devocional

> **Marcos 5: 24-28**
> " [...] Uma grande multidão o seguia e o comprimia. E estava ali certa mulher que havia doze anos vinha sofrendo de uma hemorragia. Ela padecera muito sob o cuidado de vários médicos e gastara tudo o que tinha, mas, em vez de melhorar, piorava. Quando ouviu falar de Jesus, chegou-se por trás dele, no meio da multidão, e tocou em seu manto, porque pensava: 'Se eu tão somente tocar em seu manto, ficarei curada'."

Essa é a história da mulher que, perturbada por um ciclo menstrual permanente, arriscou tudo, até piorar a vergonha que ela já sofria em um último esforço para ser curada.

Você pode imaginar o quanto ela estava fraca pela perda de sangue? O cheiro que a cercava? As lavagens e trocas constantes? E o isolamento?

Era essa a condição que a cercava e a definia. Mas um dia, houve um vislumbre de esperança. Ela soube que Jesus estava em sua cidade e a mulher tinha ouvido as histórias de Seu grande poder e de Seus milagres. Essa mulher tinha muita fé e estava disposta a arriscar absolutamente tudo para agir com base nessa fé, e essa mulher tocou nas vestes de Jesus. Seu sangramento cessou imediatamente, e ela pôde sentir dentro do seu corpo que havia sido curada.

Uma história tão curta, porém com tanto significado, que fala a todas as mulheres que são vítimas da vergonha, e isso se refere a cada uma de nós, afinal, há mais de uma maneira de sangrar. Todas nós temos feridas abertas pela vergonha que estão sangrando, e nada do que tentamos fazer pode fechar essas feridas. Mas como a mulher que levou sua vergonha a Jesus, que se arriscou com medo, sim, mas que teve muita coragem e confessou sua necessidade e encontrou em Jesus tudo de que precisava, nós também podemos encontrar.

No entanto, para isso acontecer, temos que admitir que precisamos de cura, porque aquilo que não revelamos não pode ser curado.

Nossas feridas precisam de tratamento, e a única maneira de elas serem curadas é se as reconhecermos e as levarmos Àquele que pode nos ajudar.

A luz de Deus é suave e não rude, e à medida que você confiar a Ele sua dor, Ele brilhará suavemente a Sua luz curadora sobre todas as suas feridas!

E, então, você vai se arriscar a viver livre?

NOTAS

IMPORTANTE

LISTA DE TAREFAS

Outras informações:

OBJETIVOS E METAS DO MÊS

Dia a dia
FEVEREIRO

Segunda-feira	Terça-feira	Quarta-feira	Quinta-feira
		1	2
6	7	8	9
13	14	15	16
20	21	22	23
27	28		

....
....
....
....
....

Sexta-feira	Sábado	Domingo
3	4	5
10	11	12
17	18	19
24	25	26

SEMANA 1

Observações:
....
....
....
....
....
....
....

Quarta-feira	1

Quinta-feira	2

Sexta-feira	3

Sábado	4

Domingo	5

SEMANA 2

Segunda-feira — 6

Terça-feira — 7

Quarta-feira — 8

Quinta-feira — 9

Sexta-feira — 10

Sábado — 11

Domingo — 12

SEMANA 3

Segunda-feira 13

Terça-feira 14

Quarta-feira 15

Quinta-feira 16

Sexta-feira 17

Sábado 18

Domingo 19

SEMANA 4

Segunda-feira 20

Terça-feira 21

Quarta-feira 22

Quinta-feira 23

Sexta-feira 24

Sábado 25

Domingo 26

SEMANA 5

Segunda-feira 27

Terça-feira 28

Observações:

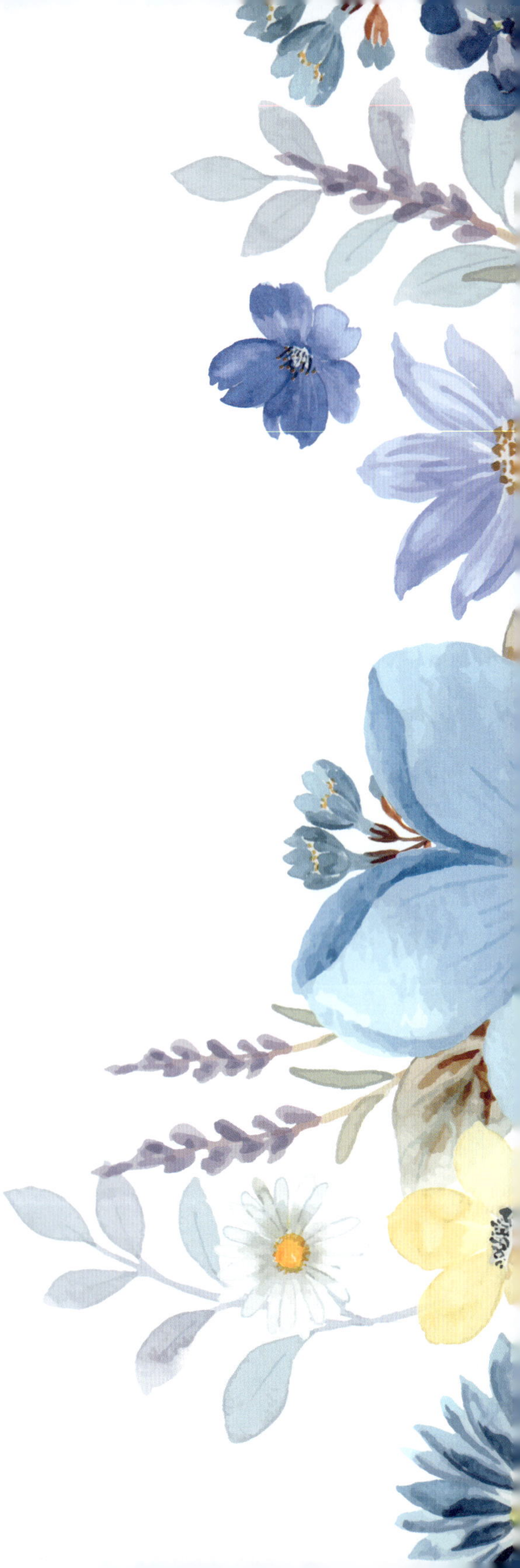

MARÇO

Março

SEG	TER	QUA	QUI	SEX	SAB	DOM
		1	2	3	4	5
6	7	8	9	10	11	12
13	14	15	16	17	18	19
20	21	22	23	24	25	26
27	28	29	30	31		

Devocional

João 8: 2-4
"Ao amanhecer, ele apareceu novamente no templo, onde todo o povo se reuniu ao seu redor, e ele se assentou para ensiná-lo. Os mestres da lei e os fariseus trouxeram-lhe uma mulher surpreendida em adultério. Fizeram-na ficar em pé diante de todos e disseram a Jesus: 'Mestre, esta mulher foi surpreendida em ato de adultério'."

Meu coração dói diante da ideia do que essa mulher deve ter sentido.

Você pode imaginar o medo que ela sentiu? Estaria ela cobrindo o rosto, chorando, ou em silêncio?

Isso não sabemos!

Para aqueles fariseus, não se tratava de aderir à justiça de acordo com a lei, eles estavam usando aquela questão como armadilha a fim de ter um fundamento para acusar Jesus. Porém, Jesus, como sempre, não fez o que eles achavam que Ele faria. De forma linda, Ele desviou a atenção daquela multidão da mulher humilhada, se ajoelhou e escreveu na terra com o dedo.

Os fariseus, não satisfeitos com a atitude de Jesus, começaram a atacá-lo com perguntas. Jesus então se levantou e pronunciou a frase que tem ecoado na cabeça de todos até hoje:

"Se alguém estiver sem pecado, seja o primeiro a atirar pedra nela."

Dito isso, Jesus se ajoelhou novamente e escreveu na terra outra vez.

O que Jesus escrevia na terra?

Isso eu não sei. O que sabemos é que Jesus cuidadosamente desviou todos os olhares dela para si ao se ajoelhar. E como um alívio para aquela mulher, o que aconteceu em seguida deve ter a deixado ainda mais surpresa. A multidão começou a ir embora, e Jesus não ficou de pé até que toda a multidão tivesse se dispersado, então Ele se voltou para a mulher e disse: *"Mulher, onde estão eles? Ninguém a condenou?".* E ela respondeu: "Ninguém, Senhor".

Você já se perguntou como Deus reage quando você comete falhas e pecados?

Então ouça estas palavras gentis de Jesus e deixe que elas ecoem em seu coração:

"Eu também não a condeno. Agora vá e abandone sua vida de pecado."

NOTAS

IMPORTANTE

LISTA DE TAREFAS

Outras informações:

OBJETIVOS E METAS DO MÊS

Dia a dia
MARÇO

Segunda-feira	Terça-feira	Quarta-feira	Quinta-feira
		1	2
6	7	8	9
13	14	15	16
20	21	22	23
27	28	29	30

Sexta-feira	Sábado	Domingo
3	4	5
10	11	12
17	18	19
24	25	26
31		

SEMANA 1

Observações:
....
....
....
....
....
....
....

Quarta-feira	1

Quinta-feira	2

Sexta-feira	3

Sábado	4

Domingo	5

SEMANA 2

Segunda-feira 6

Terça-feira 7

Quarta-feira 8

Quinta-feira 9

Sexta-feira 10

Sábado 11

Domingo 12

SEMANA 3

Segunda-feira — 13

Terça-feira — 14

Quarta-feira — 15

Quinta-feira — 16

Sexta-feira — 17

Sábado — 18

Domingo — 19

SEMANA 4

Segunda-feira 20

Terça-feira 21

Quarta-feira 22

Quinta-feira 23

Sexta-feira 24

Sábado 25

Domingo 26

SEMANA 5

Segunda-feira — 27

Terça-feira — 28

Quarta-feira — 29

Quinta-feira — 30

Sexta-feira — 31

Observações:

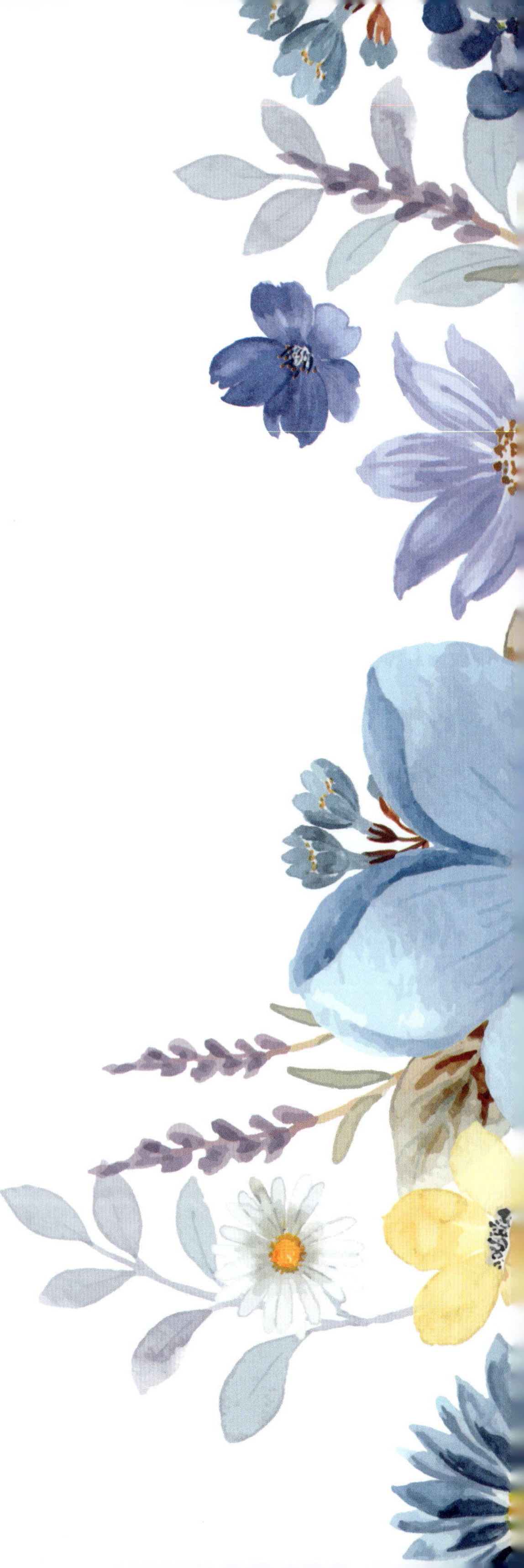

ABRIL

Abril

SEG	TER	QUA	QUI	SEX	SAB	DOM
					1	2
3	4	5	6	7	8	9
10	11	12	13	14	15	16
17	18	19	20	21	22	23
24	25	26	27	28	29	30

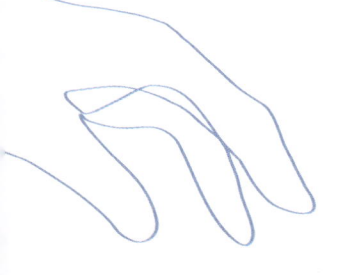

Devocional

2 Reis 7: 3-4
"Havia quatro leprosos junto à porta da cidade. Eles disseram uns aos outros: 'Por que ficar aqui esperando a morte? Se resolvermos entrar na cidade, morreremos de fome, mas se ficarmos aqui, também morreremos. Vamos, pois, ao acampamento dos arameus para nos render. Se eles nos pouparem, viveremos; se nos matarem, morreremos'."

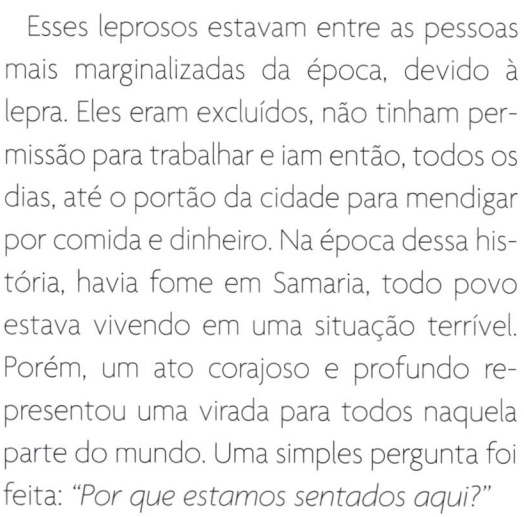

Esses leprosos estavam entre as pessoas mais marginalizadas da época, devido à lepra. Eles eram excluídos, não tinham permissão para trabalhar e iam então, todos os dias, até o portão da cidade para mendigar por comida e dinheiro. Na época dessa história, havia fome em Samaria, todo povo estava vivendo em uma situação terrível. Porém, um ato corajoso e profundo representou uma virada para todos naquela parte do mundo. Uma simples pergunta foi feita: *"Por que estamos sentados aqui?"*

Que raciocínio prático! Se ficarmos aqui, temos 100% de chance de morrer; se sairmos deste portão, na melhor das hipóteses, talvez haja 1% de chance de sermos poupados.

Uma chave para ser livre é escolher mudar sua perspectiva, porque, quando você faz isso, pode começar a mudar sua postura. Quando você escolhe focar mais o que Jesus fez por você, em vez de focar o que as outras pessoas fizeram ou disseram, você terá a fé para se levantar e começar a seguir em frente. Permanecer focada na sua dor, mágoa ou ofensa passada garantirá que você permaneça sentada na porta da sua miséria.

Quando os leprosos decidiram olhar com a lente de Deus, o rumo da existência deles mudou. Eles se levantaram e começaram a se mover, e esse foi um movimento ousado para os leprosos. Eles não faziam ideia do que Deus estava movendo. Deus havia colocado o temor no coração dos siros, o que fez com que eles abandonassem o acampamento e fugissem para salvar suas vidas, deixando tudo para trás.

Você pode imaginar o choque que eles tiveram?

Consigo imaginar a cena deles comendo apressadamente com muita fome e também com muita alegria, pois não só haviam encontrado comida, mas também muito ouro. Porém, eles lançaram mão da liberdade e da abundância que haviam acabado de encontrar e as levaram um passo adiante. Eles não acumularam todas as bênçãos que encontraram, mas as compartilharam. Voltaram a todos os que os excluíam, declarando que o acampamento inimigo estava deserto e que bens valiosos estavam ali para serem tomados.

Esta é uma das grandes coisas sobre a liberdade. A partir do momento que a provamos, queremos voltar para onde sofremos e, assim, poder ajudar a todos. Você também é livre para escolher se levantar e começar a se mover para o lindo futuro que Deus tem para você. Então, coloque seus olhos no caminho à frente e comece a se mover, as escolhas realmente determinam nosso destino, e Deus lhe deu o poder de escolher.

Espero que você faça a escolha certa!

NOTAS

IMPORTANTE

LISTA DE TAREFAS

-
-
-
-
-
-
-
-
-
-

Outras informações:

OBJETIVOS E METAS DO MÊS

Dia a dia
ABRIL

Segunda-feira	Terça-feira	Quarta-feira	Quinta-feira
3	4	5	6
10	11	12	13
17	18	19	20
24	25	26	27

Sexta-feira	Sábado	Domingo
	1	2
7	8	9
14	15	16
21	22	23
28	29	30

SEMANA 1

Observações:

Sábado 1

Domingo 2

SEMANA 2

Segunda-feira 3

Terça-feira 4

Quarta-feira 5

Quinta-feira 6

Sexta-feira 7

Sábado 8

Domingo 9

SEMANA 3

Segunda-feira 10

Terça-feira 11

Quarta-feira 12

Quinta-feira 13

Sexta-feira 14

Sábado 15

Domingo 16

SEMANA 4

Segunda-feira — 17

Terça-feira — 18

Quarta-feira — 19

Quinta-feira — 20

Sexta-feira — 21

Sábado — 22

Domingo — 23

SEMANA 5

Segunda-feira 24

Terça-feira 25

Quarta-feira 26

Quinta-feira 27

Sexta-feira 28

Sábado 29

Domingo 30

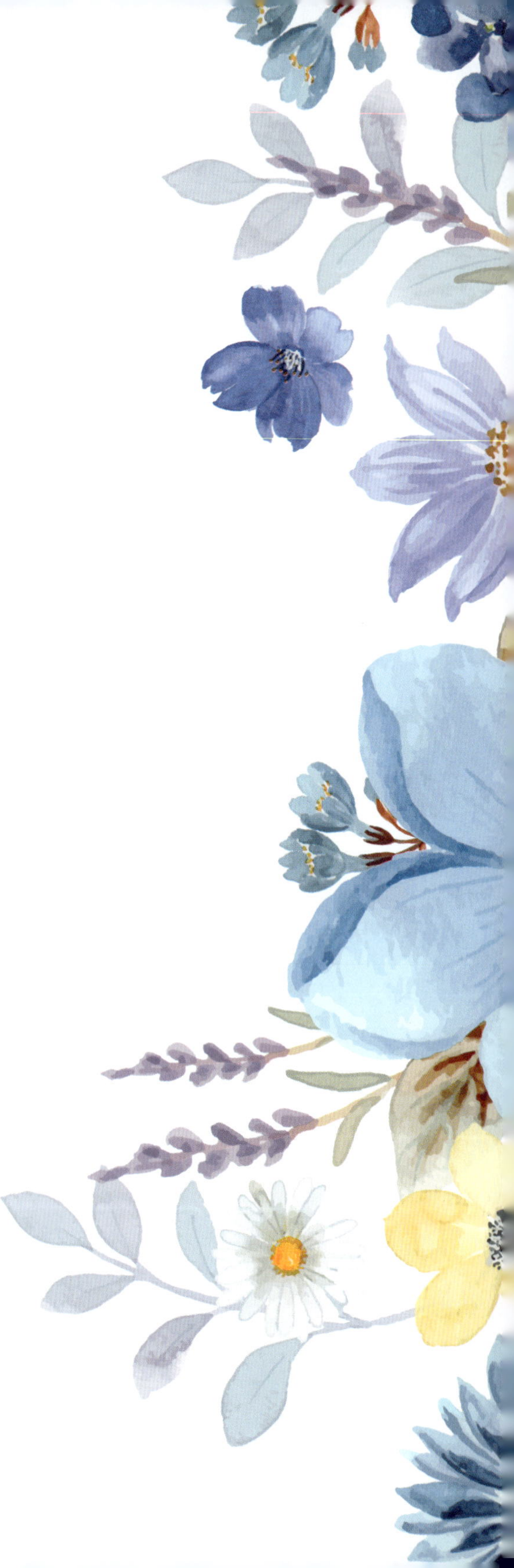

MAIO

Maio

SEG	TER	QUA	QUI	SEX	SAB	DOM
1	2	3	4	5	6	7
8	9	10	11	12	13	14
15	16	17	18	19	20	21
22	23	24	25	26	27	28
29	30	31				

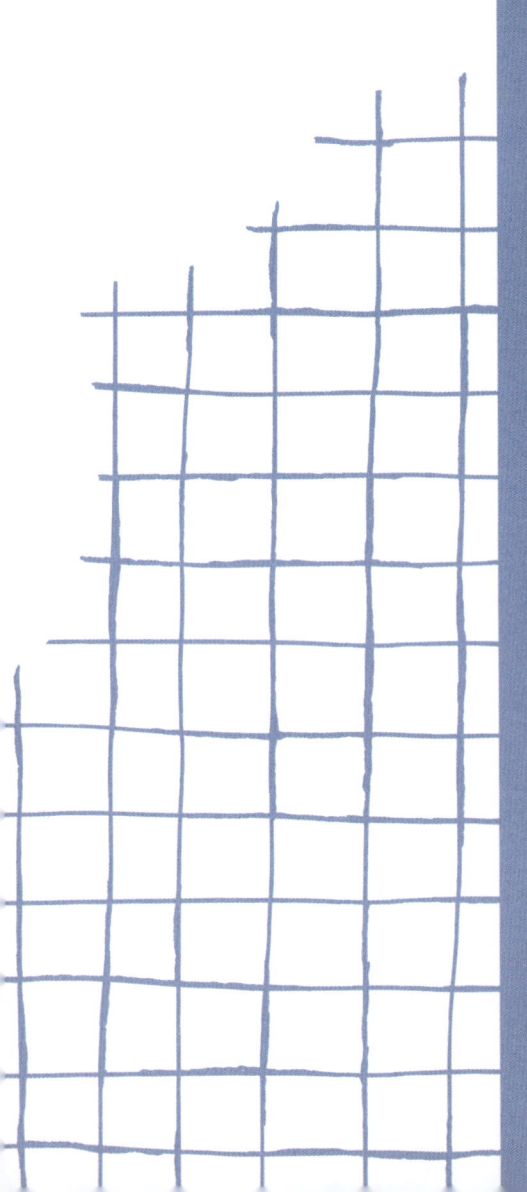

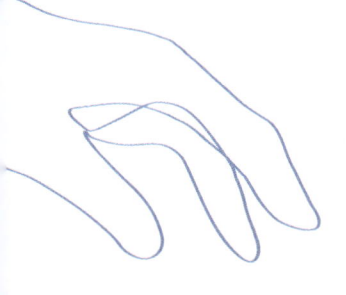

Devocional

João 4: 4
"Era-lhe necessário passar por Samaria."

Sabemos que o movimento de Jesus tem uma forte ênfase em ir ao encontro. Jesus sempre ia ao encontro daqueles que precisavam. Quando o texto nos diz que "era necessário" Jesus escolher aquele caminho, talvez pareça para você e para mim que Jesus estava fazendo aquele caminho sob um sentido de obrigatoriedade. Pois, afinal, aquele caminho era um caminho muito difícil. Passar por Samaria era uma rota muito complicada, pois era palco de conflito entre judeus e samaritanos.

Por mais que talvez você tenha entendido que Jesus estava sendo obrigado a escolher esse caminho, não foi isso que o evangelista João queria nos mostrar. João estava querendo nos dizer que existia uma razão divina pela qual Jesus tinha escolhido aquele caminho, pois, se não fosse por isso, esse encontro seria totalmente improvável. Seria improvável pelo caminho e também pela hora do dia.

A Bíblia relata que era meio-dia quando Jesus se encontrou com aquela mulher na beira de um poço. Para Jesus, seria uma hora normal, pois todo viajante descansava quando o sol estava a pino, porém, para uma mulher, não era nada normal ir buscar água do poço naquele horário; e mais, ela estava sozinha. As mulheres sempre iam juntas e em uma hora mais fresca do dia buscar água. Percebemos então que essa mulher que Jesus encontrou no poço em um horário impróprio e em um caminho não favorável realmente era uma mulher que precisava desse encontro.

Foi um encontro libertador, transformador e revelador, em que uma mulher que chegou se escondendo saiu livre de toda culpa e certa do seu propósito, e ela foi imediatamente anunciar Jesus como Salvador do mundo para aqueles que a excluíram.

Minha oração é para que você entenda quando Jesus estiver ao seu lado na beira do poço. Entenda que esse encontro em sua vida será um dia inevitável e que vai te confrontar de tal forma que mudará a sua história positivamente de dentro para fora.

NOTAS

IMPORTANTE

LISTA DE TAREFAS

- ○
- ○
- ○
- ○
- ○
- ○
- ○
- ○
- ○
- ○

Outras informações:

OBJETIVOS E METAS DO MÊS

Dia a dia
MAIO

Segunda-feira	Terça-feira	Quarta-feira	Quinta-feira
1	2	3	4
8	9	10	11
15	16	17	18
22	23	24	25
29	30	31	

Sexta-feira	Sábado	Domingo
5	6	7
12	13	14
19	20	21
26	27	28

SEMANA 1

Segunda-feira	1

Terça-feira	2

Quarta-feira	3

Quinta-feira	4

Sexta-feira	5

Sábado	6

Domingo	7

SEMANA 2

Segunda-feira 8

Terça-feira 9

Quarta-feira 10

Quinta-feira 11

Sexta-feira 12

Sábado 13

Domingo 14

SEMANA 3

Segunda-feira — 15

Terça-feira — 16

Quarta-feira — 17

Quinta-feira — 18

Sexta-feira — 19

Sábado — 20

Domingo — 21

SEMANA 4

Segunda-feira — 22

Terça-feira — 23

Quarta-feira — 24

Quinta-feira — 25

Sexta-feira — 26

Sábado — 27

Domingo — 28

SEMANA 5

Segunda-feira 29

Terça-feira 30

Quarta-feira 31

Observações:

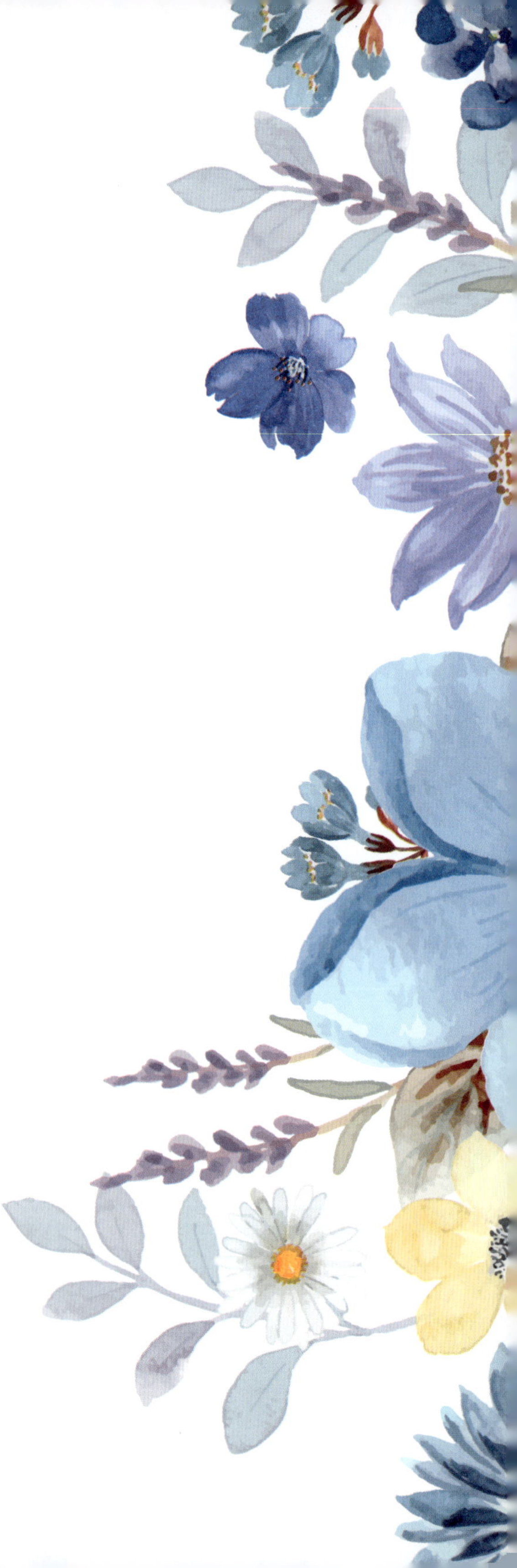

JUNHO

Junho

SEG	TER	QUA	QUI	SEX	SAB	DOM
			1	2	3	4
5	6	7	8	9	10	11
12	13	14	15	16	17	18
19	20	21	22	23	24	25
26	27	28	29	30		

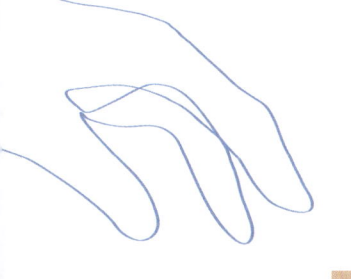

Devocional

Lucas 1: 26-35

"No sexto mês, Deus enviou o anjo Gabriel a Nazaré, cidade da Galileia, a uma virgem prometida em casamento a certo homem chamado José, descendente de Davi. O nome da virgem era Maria. O anjo, aproximando-se dela, disse: 'Alegre-se, agraciada! O Senhor está com você!'. Maria ficou perturbada com essas palavras, pensando no que poderia significar esta saudação. Mas o anjo lhe disse: 'Não tenha medo, Maria; você foi agraciada por Deus! Você ficará grávida e dará à luz um filho, e lhe porá o nome de Jesus. Ele será grande e será chamado Filho do Altíssimo. O Senhor Deus lhe dará o trono de seu pai Davi, e ele reinará para sempre sobre o povo de Jacó; seu Reino jamais terá fim'. Perguntou Maria ao anjo: 'Como acontecerá isso, se sou virgem?' O anjo respondeu: 'O Espírito Santo virá sobre você, e o poder do Altíssimo a cobrirá com a sua sombra. Assim, aquele que há de nascer será chamado santo, Filho de Deus'."

Eu fico pensando na delicadeza e sensibilidade de Maria em ouvir Deus a chamando, mesmo nos seus afazeres do dia a dia, mesmo nos ruídos externos da vida.

Será que eu e você temos essa mesma sensibilidade?
Será que, se fôssemos Maria, nossa resposta seria a mesma?

Seguem três exemplos práticos da vida de Maria que podemos utilizar em nossa vida para seguirmos o chamado de Deus:

1 – Faça a pergunta certa.

Maria fez a seguinte pergunta: *"Como acontecerá isso?".* Essa não foi uma pergunta cheia de dúvidas, mas sim uma pergunta pedindo por direção. A situação para Maria não estava nada fácil, fico imaginando como passaria o resto da sua vida com olhares desconfiados. Maria não tinha nenhuma garantia de que seu noivo José entenderia. Ela estava disposta a sofrer com o desprezo e com a solidão, estava disposta a passar o resto de sua vida sob os olhares desconfiados de sua vizinhança. Porém, mesmo com tudo isso, Maria não focou as dificuldades do que ela poderia perder, ela simplesmente perguntou: *"Como acontecerá isso?".*

2 – Lembre-se de quem você é.

Respondeu Maria: "Sou serva do Senhor; que aconteça comigo conforme a Tua palavra".

Maria poderia ter feito uma lista de todas as razões pelas quais ela não era a pessoa certa para esse trabalho. Mas ela não fez isso, pelo contrário, ela se viu como um instrumento escolhido por Deus para essa tarefa, se colocou nas mãos do Todo-poderoso para a realização dos propósitos Dele. Ela foi serva, estava pronta, se entregou por completo, sem reservas, ao Senhor.

Por muitas vezes em nossa vida não nos sentimos capazes. *Mas sabe por que nos sentimos assim?* Porque focamos os recursos que não temos, em quem ainda não somos, em vez de valorizarmos os recursos que já temos e em quem já somos.

3 – Mova-se na direção da sua missão.

"Naqueles dias, Maria preparou-se e foi depressa para a uma cidade da região montanhosa da Judeia, onde entrou na casa de Zacarias e saudou Isabel."

Maria se moveu naquilo que o anjo disse a ela, então se levantou, e a Bíblia diz que ela se apressou para ir para a Judeia. Porém, obedecer não significou que tudo seria uma maravilha, Maria realmente tinha uma estrada longa à frente. Ela daria à luz em um celeiro, passaria os próximos dois anos de sua vida fugindo, tentando proteger a vida de Jesus, e veria seu filho morrer em uma cruz. Sem dúvida alguma a jornada dela seria muito difícil.

A caminhada da vida realmente não é fácil, cada passo do caminho é difícil, mas não desista porque é difícil, apenas continue se movendo em direção à sua missão, pois muitas vezes as estradas mais difíceis nos levarão aos destinos mais gloriosos. O destino glorioso de Maria foi ser mãe do Filho de Deus, do nosso Salvador e Libertador!

A história de Maria me faz lembrar da história de Eva. Enquanto Eva estava no jardim, um lugar seguro, não corria, aparentemente, risco algum, não tinha nenhuma crise, tudo era tão perfeito e favorável para ela obedecer. Mesmo assim, ela desobedeceu. Porém, Maria, em um outro espaço físico e cenário, debaixo de tantas dúvidas, de tantas crises e dificuldades, mesmo assim, ela obedeceu.

Preste atenção nisso!

Pelo pecado da desobediência dos nossos primeiros pais, perdemos o paraíso. Pela obediência de Maria, **O PARAÍSO FOI RECUPERADO em Cristo Jesus!**

NOTAS

IMPORTANTE

LISTA DE TAREFAS

- ◯
- ◯
- ◯
- ◯
- ◯
- ◯
- ◯
- ◯
- ◯
- ◯

Outras informações:

OBJETIVOS E METAS DO MÊS

Dia a dia
JUNHO

Segunda-feira	Terça-feira	Quarta-feira	Quinta-feira
			1
5	6	7	8
12	13	14	15
19	20	21	22
26	27	28	29

Sexta-feira	Sábado	Domingo
2	3	4
9	10	11
16	17	18
23	24	25
30		

SEMANA 1

Observações:

....
....
....
....
....
....
....
....
....
....
....
....
....

Quinta-feira	1

Sexta-feira	2

Sábado	3

Domingo	4

SEMANA 2

Segunda-feira 5

Terça-feira 6

Quarta-feira 7

Quinta-feira 8

Sexta-feira 9

Sábado 10

Domingo 11

SEMANA 3

Segunda-feira — 12

Terça-feira — 13

Quarta-feira — 14

Quinta-feira — 15

Sexta-feira — 16

Sábado — 17

Domingo — 18

SEMANA 4

Segunda-feira — 19

Terça-feira — 20

Quarta-feira — 21

Quinta-feira — 22

Sexta-feira — 23

Sábado — 24

Domingo — 25

SEMANA 5

Segunda-feira 26

Terça-feira 27

Quarta-feira 28

Quinta-feira 29

Sexta-feira 30

Observações:

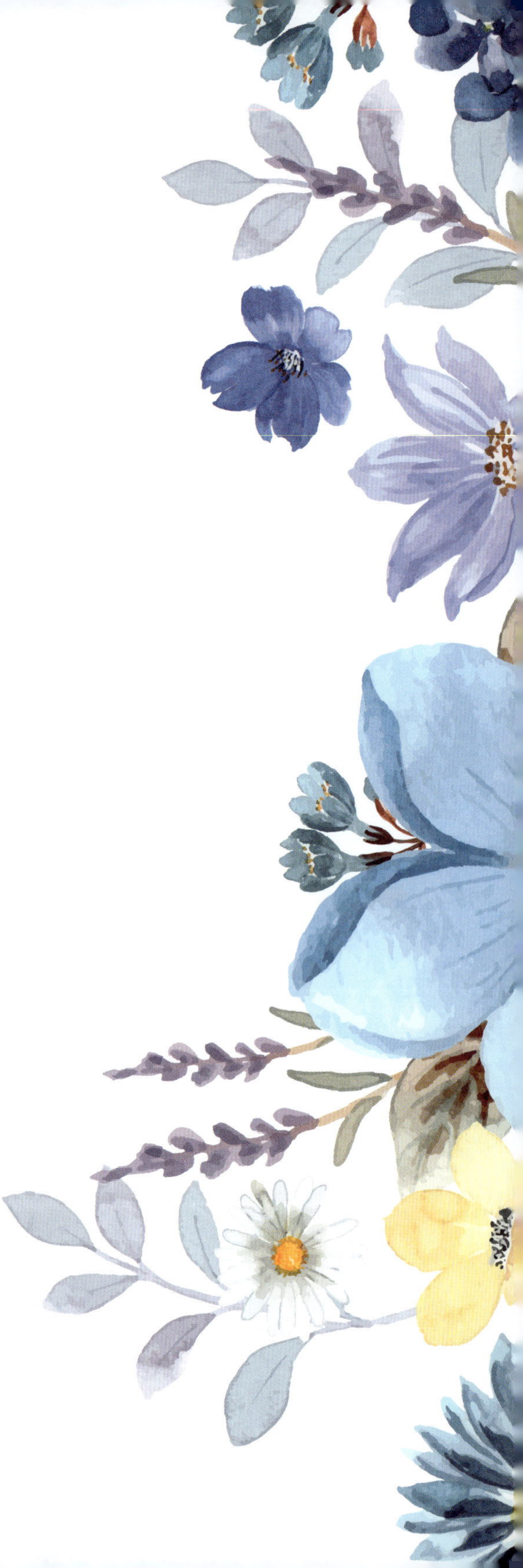

JULHO

Julho

SEG	TER	QUA	QUI	SEX	SAB	DOM
					1	2
3	4	5	6	7	8	9
10	11	12	13	14	15	16
17	18	19	20	21	22	23
24	25	26	27	28	29	30
31						

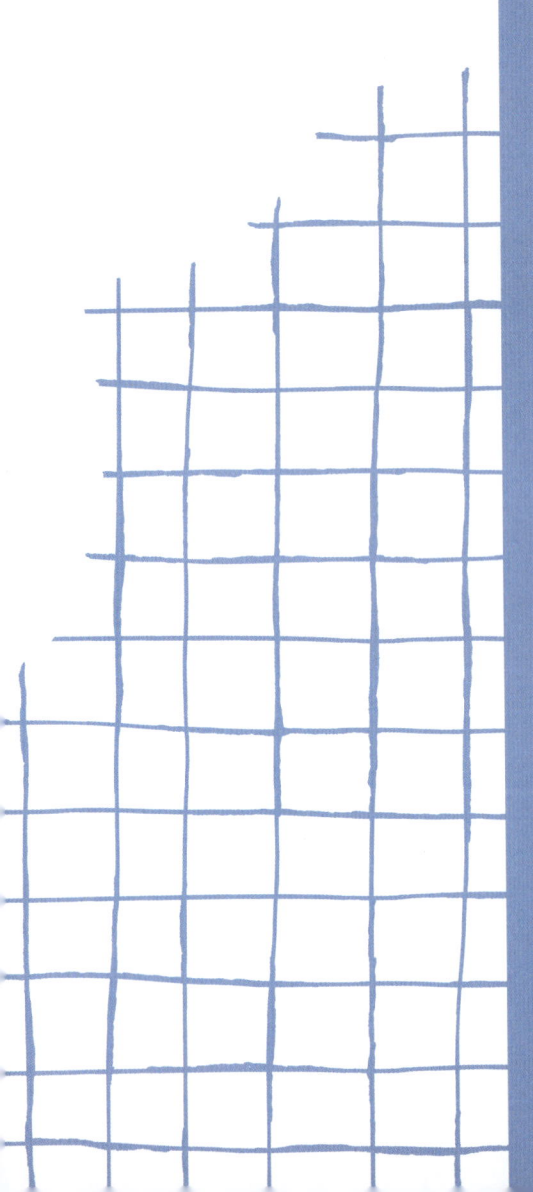

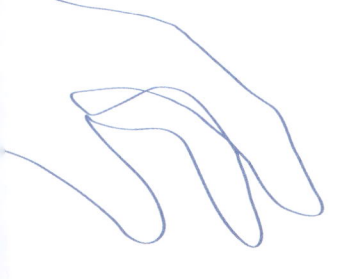

Devocional

João 20: 19-20
"[...] A paz seja com vocês! Tendo dito isso, mostrou-lhes as mãos e o lado. Os discípulos alegraram-se quando viram o Senhor."

Essa passagem bíblica que lemos se encontra na ressurreição de Jesus. Maria Madalena estava lá no sepulcro, profundamente triste e chorando a morte de seu amado Jesus. Mas de repente Maria pisca os olhos, e a pedra enorme havia sido removida da entrada do sepulcro de Jesus. Maria ouviu um ruído, era Jesus, mas Maria não o reconheceu. Então, Jesus perguntou para Maria: *"Por que você está chorando, mulher?"*. Maria, pensando que o homem fosse o jardineiro, disse a ele: *"Por favor, o senhor sabe para onde levaram Jesus?"*. Então Jesus disse: *"MARIA!"*. E imediatamente Maria reconheceu o Senhor. Naquele mesmo dia, Jesus apareceu no meio dos discípulos, no lugar onde eles estavam escondidos. Jesus não bateu à porta, não abriu a porta, simplesmente apareceu.

Jesus disse: *"A paz seja com vocês!"*. Porém, diferentemente de Maria, os discípulos não reconheceram Jesus. Então, para convencer os discípulos e que era realmente o Cristo ressurreto, Jesus fez um gesto simples, abriu os braços e mostrou-lhes as mãos perfuradas por pregos, e levantou a túnica para mostrar a marca da lança que perfurara seu lado. Só assim eles acreditaram.

Para Maria Madalena, bastou apenas Jesus dizer seu nome, e ela já O reconheceu. Porém, para os discípulos foi preciso bem mais que isso, foi preciso mostrar suas marcas.

O que eu quero dizer com isso?

Existem marcas em nossas vidas que nos levam a reconhecer Jesus, e não somente a nós, mas a outras pessoas também. Jesus não precisava ter mantido as cicatrizes da crucificação em seu corpo ressurreto, afinal, foi Jesus quem revestiu de carne as mãos e os pés dos leprosos. Mas Jesus preferiu manter as cicatrizes, acredito eu, porque lhe eram preciosas, porque só assim alguns reconheceriam quem Ele era.

Existem muitas cicatrizes que adquirimos no decorrer da nossa vida, cicatrizes que, quando olhamos para elas, às vezes nos lembram histórias do tipo engraçadas, de aventuras perigosas, de desobediência, histórias tristes, de frustrações, e tantas outras. Porém, não importa qual seja a história que tenha essa cicatriz, não importa se ela é visível ou invisível, o que importa é saber quem curou a ferida aberta e tornou-a uma cicatriz, pois quando não nos envergonhamos de nossas cicatrizes, mas contamos a história de como Deus nos tirou do abismo, as pessoas são capazes de ver Jesus em nossa vida.

Que possamos usar a marca de um sofrimento que tivemos no passado para ser benção na vida de outras pessoas. Deus não nos chama para sentir vergonha de nossas cicatrizes, pois será por meio delas que outras pessoas reconhecerão o Salvador, Jesus Cristo!

NOTAS

IMPORTANTE

LISTA DE TAREFAS

Outras informações:

OBJETIVOS E METAS DO MÊS

Dia a dia
JULHO

Segunda-feira	Terça-feira	Quarta-feira	Quinta-feira
3	4	5	6
10	11	12	13
17	18	19	20
24	25	26	27
31			

Sexta-feira	Sábado	Domingo
	1	2
7	8	9
14	15	16
21	22	23
28	29	30

SEMANA 1

Observações:

Sábado 1

Domingo 2

SEMANA 2

Segunda-feira 3

Terça-feira 4

Quarta-feira 5

Quinta-feira 6

Sexta-feira 7

Sábado 8

Domingo 9

SEMANA 3

Segunda-feira 10

Terça-feira 11

Quarta-feira 12

Quinta-feira 13

Sexta-feira 14

Sábado 15

Domingo 16

SEMANA 4

Segunda-feira — 17

Terça-feira — 18

Quarta-feira — 19

Quinta-feira — 20

Sexta-feira — 21

Sábado — 22

Domingo — 23

SEMANA 5

Segunda-feira 24

Terça-feira 25

Quarta-feira 26

Quinta-feira 27

Sexta-feira 28

Sábado 29

Domingo 30

SEMANA 6

Segunda-feira 31

Observações:

AGOSTO

Agosto

SEG	TER	QUA	QUI	SEX	SAB	DOM
	1	2	3	4	5	6
7	8	9	10	11	12	13
14	15	16	17	18	19	20
21	22	23	24	25	26	27
28	29	30	31			

Devocional

Ezequiel 36: 26
"Darei a vocês um coração novo e porei um espírito novo em vocês; tirarei de vocês o coração de pedra e lhes darei um coração de carne."

Ezequiel é usado pelo Senhor para profetizar vida sobre o povo de Israel. Eles estavam cativos na Babilônia, fizeram muitas coisas que entristeceram o coração de Deus. Presos na Babilônia, estavam perdendo a vida, estavam sem esperança, não tinham perspectiva de um futuro. Deus, por meio de Ezequiel, declarou vida sobre eles, porém, não a vida que eles levavam, agora uma vida transformada.

Quando somos feridas, quando estamos sem esperança, machucadas, assim como o povo de Israel estava, um resíduo tóxico começa a vazar nos envenenando e envenenando as pessoas que nos cercam, até mesmo quando estamos completamente inconscientes disso.

Você e eu sabemos que Deus tem um propósito para nós, um grande destino para nossa vida. Porém, às vezes sentimos uma lacuna entre o que que queremos ser e fazer e o que está acontecendo no nosso mundo interior. Sentimos aquela lacuna dolorosa entre o que sabemos que deveria estar acontecendo dentro de nós, como: amor, perdão, bondade, alegria, paciência, paz. E então o que realmente está acontecendo dentro de nós: ira, impaciência, ciúme, confusão, julgamento, suspeita, culpa. É aqui que muitas de nós sofremos e estacionamos nossa vida no deserto.

Deus deseja mudar essa situação. Deus deseja morar dentro do seu coração. Se você der a Ele pleno acesso à sua alma, Ele vai curar e permitir que você floresça. É o poder de Deus que se aperfeiçoa em nossa fraqueza, e não o nosso. A chave para passar de uma vida danificada para uma vida completa é permitir que o poder curador do amor de Deus permeie cada fenda da nossa alma ferida e traga cura, integridade e força.

Que parte da sua alma você escondeu em um cofre trancado?

Você está se fechando no seu casamento? Adotando o tratamento do silêncio com seu marido? Tornando-se crítica com as outras pessoas? Vivendo excessivamente em negação? Namorando qualquer um e todos como louca? Atacando seus filhos verbalmente? Comendo descontroladamente? Gastando abusivamente? Competindo com as pessoas?

Minha oração é que você convide Deus para mudar esses lugares escuros, que você possa superar o seu passado, que você possa vencer os gigantes que produzem vergonha em sua vida.

Ouse dar a Deus pleno acesso. Dê a Deus a chave para os lugares trancados da sua alma, para que Ele possa maximizar os dons e a capacidade que Ele colocou em você. Ouça a voz de Deus, mais do que todas as outras vozes que tem falado em sua vida, inclusive a sua própria voz.

NOTAS

IMPORTANTE

LISTA DE TAREFAS

- ○
- ○
- ○
- ○
- ○
- ○
- ○
- ○
- ○
- ○

Outras informações:

OBJETIVOS E METAS DO MÊS

Dia a dia
AGOSTO

Segunda-feira	Terça-feira	Quarta-feira	Quinta-feira
	1	2	3
7	8	9	10
14	15	16	17
21	22	23	24
28	29	30	31

Sexta-feira	Sábado	Domingo
4	5	6
11	12	13
18	19	20
25	26	27

SEMANA 1

Observações:
....
....
....

| Terça-feira | 1 |

| Quarta-feira | 2 |

| Quinta-feira | 3 |

| Sexta-feira | 4 |

| Sábado | 5 |

| Domingo | 6 |

SEMANA 2

Segunda-feira 7

Terça-feira 8

Quarta-feira 9

Quinta-feira 10

Sexta-feira 11

Sábado 12

Domingo 13

SEMANA 3

Segunda-feira — 14

Terça-feira — 15

Quarta-feira — 16

Quinta-feira — 17

Sexta-feira — 18

Sábado — 19

Domingo — 20

SEMANA 4

Segunda-feira — 21

Terça-feira — 22

Quarta-feira — 23

Quinta-feira — 24

Sexta-feira — 25

Sábado — 26

Domingo — 27

SEMANA 5

Segunda-feira 28

Terça-feira 29

Quarta-feira 30

Quinta-feira 31

Observações:
....
....
....
....
....
....
....
....
....

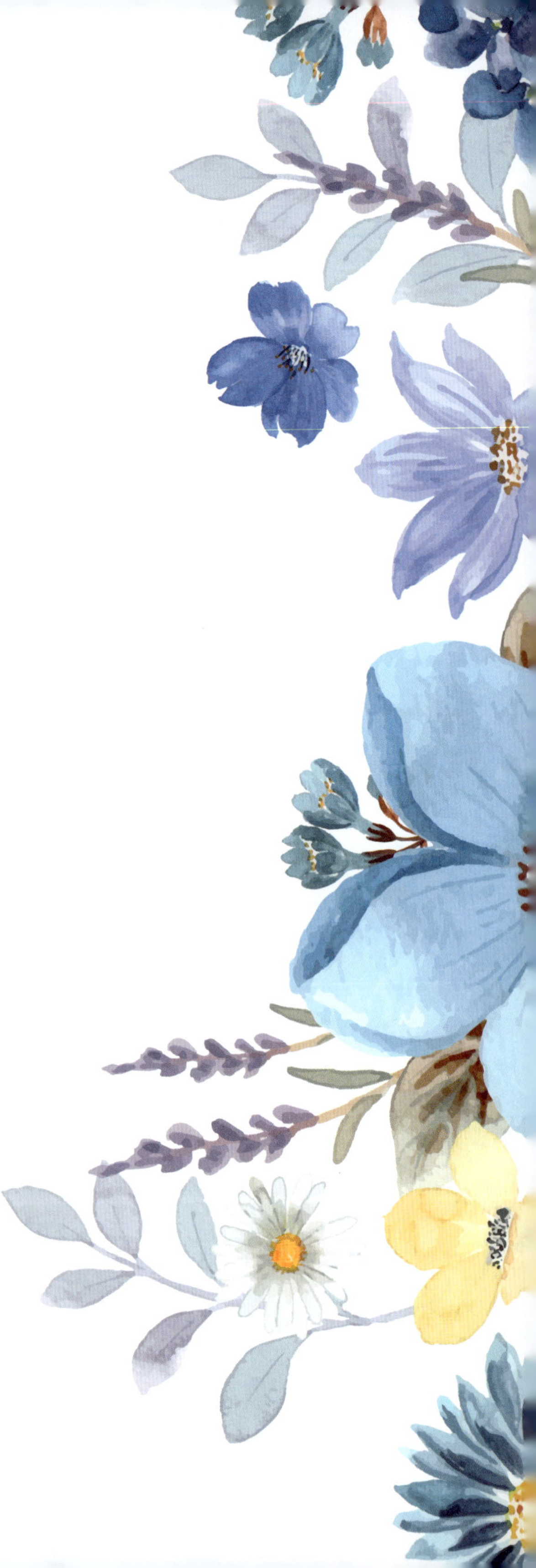

SETEMBRO

Setembro

SEG	TER	QUA	QUI	SEX	SAB	DOM
				1	2	3
4	5	6	7	8	9	10
11	12	13	14	15	16	17
18	19	20	21	22	23	24
25	26	27	28	29	30	

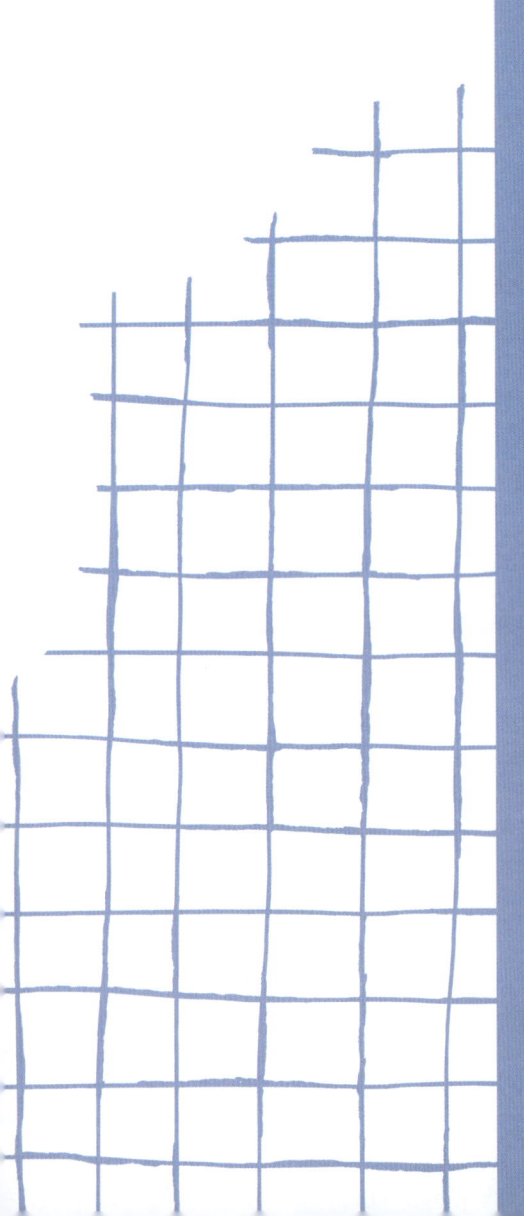

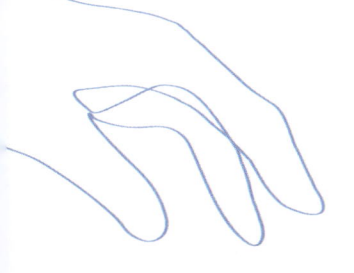

Devocional

> **Gênesis 16: 1-2**
> "Ora, Sara, mulher de Abrão, não lhe dera nenhum filho. Como tinha uma serva egípcia, chamada Hagar, disse a Abrão: "Já que o Senhor me impediu de ter filhos, possua a minha serva; talvez eu possa formar família por meio dela". Abrão atendeu à proposta de Sara."

Abraão recebeu a promessa de Deus de que ele seria pai de muitas nações, pois Deus daria a ele uma descendência numerosa. Porém, os anos foram se passando e nada da promessa acontecer, então a Bíblia nos diz que Sara teve uma "brilhante ideia". Quando Sara percebeu que não poderia dar filhos a Abraão, que já estava em uma idade que seria praticamente impossível de gerar filhos, teve então essa "grande ideia", que era basicamente a seguinte: *"Deus, estou achando que o Senhor não vai cumprir a promessa feita ao meu marido. Então eu acredito que posso dar uma forcinha, uma ajudinha ao Senhor"*.

Sara foi muito inocente em pensar que poderia ajudar Deus em sua promessa, ou poderíamos dizer até cara de pau, não é mesmo?

Porém, olhando para dentro de nós, quantas vezes não fazemos a mesma coisa que Sara fez? Quantas vezes achamos que a promessa de Deus para nós está demorando demais para acontecer e pensamos em estratégias para "ajudar" Deus?

E assim foi feito. Abraão atendeu à proposta de Sara, se relacionou com Hagar, e ela engravidou. Só que o que ninguém esperava aconteceu. Os anos se passaram, e além do filho de Hagar, Sara também ficou grávida, e nasceu o filho da promessa. Resultado dessa grande bagunça: Abraão se viu forçado a mandar embora tanto Hagar quanto Ismael, seu filho.

Hagar foi expulsa, mesmo sendo totalmente inocente, contra sua vontade. Sem destino, ela caminhou à toa com seu filho pelo deserto, até que a água acabou e seu filho ficou totalmente debilitado. Ela, então, colocou o menino debaixo de um arbusto e, como não suportava ver o filho morrendo de sede, se afastou um pouco, mas ela não o perdeu de vista. Enquanto esperava pela morte de seu filho, ela clamou a Deus e chorou. Deus, porém, ouviu a voz do menino, e o Anjo de Deus chamou do céu a Hagar e lhe disse: *"Que tens, Hagar? Não temas, porque Deus ouviu a voz do menino, daí onde está. Levanta o rapaz, segura-o pela mão, porque eu farei dele um grande povo".*

As promessas de Deus despertaram nova esperança em Hagar. Ela descobriu um poço que tinha deixado de ver por causa do seu medo, buscou, então, água e deu ao seu filho. Decidida, ela aceitou a tarefa dada pelo mensageiro de Deus e segurou-o pela mão e se tornou um apoio firme e uma líder para seu filho.

Por muitas vezes nos sentimos assim como Hagar: sozinhas, rejeitadas, verdadeiras órfãs, porém, podemos aprender com a vida de Hagar que **Não Estamos Sós!**

É preciso estarmos preparadas para as crises, pois inevitavelmente vamos ter que enfrentá-las. As crises e dores criam problemas inesperados, sim, mas também nos proporcionam grandes oportunidades. A diferença está em como reagimos às crises e às dores.

Nós nos levantamos, como fez Hagar, ou nos entregamos à dor?

Deus encontrou Hagar exatamente onde sua história parecia ter chegado ao fim. Deus te encontra hoje, exatamente quando você acha que sua vida chegou ao fim.

Hoje é dia de tomar uma atitude, dia de olhar para a crise e para a dor e enxergar as oportunidades que Deus está te proporcionando. Deus está revertendo o processo de morte em vida!

NOTAS

IMPORTANTE

LISTA DE TAREFAS

Outras informações:

OBJETIVOS E METAS DO MÊS

Dia a dia
SETEMBRO

Segunda-feira	Terça-feira	Quarta-feira	Quinta-feira
4	5	6	7
11	12	13	14
18	19	20	21
25	26	27	28

Sexta-feira	Sábado	Domingo
1	2	3
8	9	10
15	16	17
22	23	24
29	30	

SEMANA 1

Observações:

....
....
....
....
....
....
....
....
....
....
....
....
....
....
....
....
....
....
....
....

Sexta-feira 1

Sábado 2

Domingo 3

SEMANA 2

Segunda-feira 4

Terça-feira 5

Quarta-feira 6

Quinta-feira 7

Sexta-feira 8

Sábado 9

Domingo 10

SEMANA 3

Segunda-feira — 11

Terça-feira — 12

Quarta-feira — 13

Quinta-feira — 14

Sexta-feira — 15

Sábado — 16

Domingo — 17

SEMANA 4

Segunda-feira — 18

Terça-feira — 19

Quarta-feira — 20

Quinta-feira — 21

Sexta-feira — 22

Sábado — 23

Domingo — 24

SEMANA 5

Segunda-feira 25

Terça-feira 26

Quarta-feira 27

Quinta-feira 28

Sexta-feira 29

Sábado 30

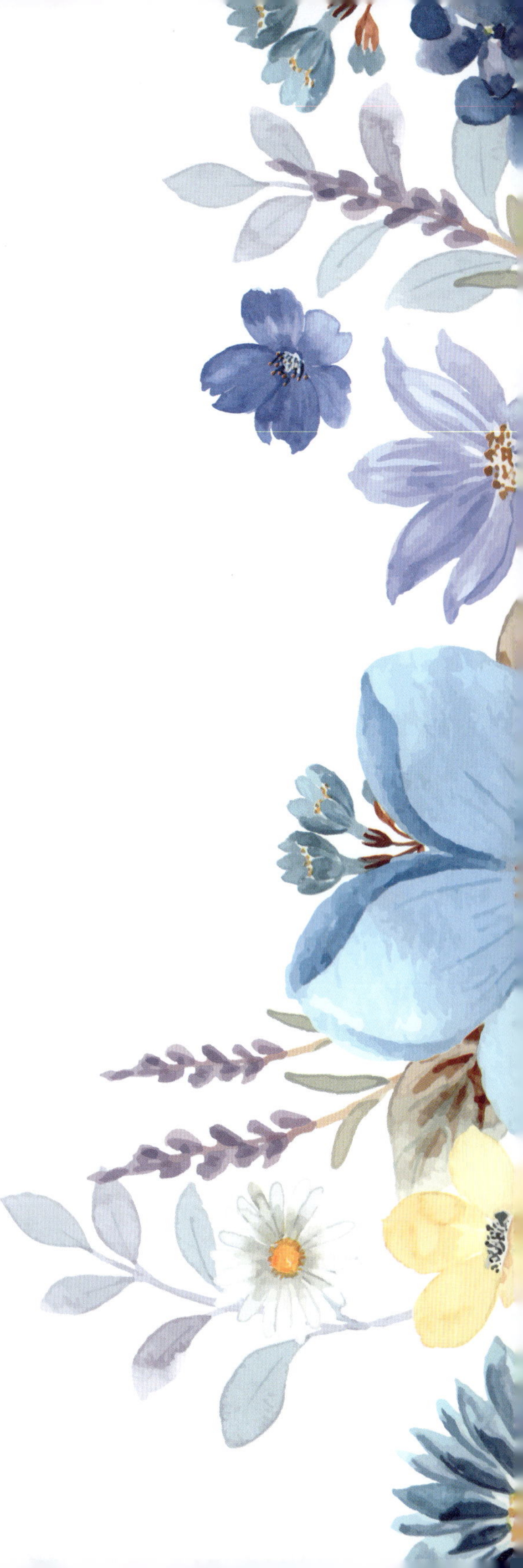

OUTUBRO

Outubro

SEG	TER	QUA	QUI	SEX	SAB	DOM
						1
2	3	4	5	6	7	8
9	10	11	12	13	14	15
16	17	18	19	20	21	22
23	24	25	26	27	28	29
30	31					

Devocional

Lucas 13: 10-17

"Certo sábado, Jesus estava ensinando numa das sinagogas, e ali estava uma mulher que tinha um espírito que a mantinha doente havia dezoito anos. Ela andava encurvada e de forma alguma podia endireitar-se. Ao vê-la, Jesus chamou-a à frente e lhe disse: 'Mulher, você está livre da sua doença'. Então lhe impôs as mãos; e imediatamente ela se endireitou, e louvava a Deus. Indignado porque Jesus havia curado no sábado, o dirigente da sinagoga disse ao povo: 'Há seis dias em que se deve trabalhar. Venham para ser curados nesses dias, e não no sábado'. O Senhor lhe respondeu: 'Hipócritas! Cada um de vocês não desamarra no sábado o seu boi ou jumento do estábulo e o leva dali para dar-lhe água? Então, esta mulher, uma filha de Abraão a quem Satanás mantinha presa por dezoito longos anos, não deveria no dia de sábado ser libertada daquilo que a prendia?' Tendo dito isso, todos os seus oponentes ficaram envergonhados, mas o povo se alegrava com todas as maravilhas que ele estava fazendo."

Jesus estava ensinando na sinagoga, quando uma mulher chegou, uma mulher que havia dezoito anos andava encurvada, devido a uma enfermidade que ela tinha. O máximo que conseguia ver era o chão. Havia dezoito anos que não podia contemplar sequer as estrelas, não tinha perspectiva de alívio e cura, sua enfermidade lhe trazia dor e vergonha pública.

Jesus a chamou ao seu encontro, impôs as mãos sobre ela, e, imediatamente, ela se endireitou! O ponto principal era bem mais profundo do que o que ela enfrentava fisicamente, mas era um problema também espiritual e emocional. Jesus, então, antes de a curar, fez um pedido a ela primeiro; pediu para que ela se aproximasse Dele. Ela teve que sair do lugar em que se encontrava e ir até Jesus. Simbolicamente, ela abriu caminho até Jesus pela fé, mesmo não podendo endireitar seu corpo o suficiente para vê-lo. Teve que se agarrar a um pouco de esperança, mesmo naquele cenário aparentemente sem solução. Colocou sua pequena esperança que lhe restava naquela voz que a chamava.

Talvez você esteja passando por um problema terrível que tenha acabado com toda sua esperança, que te fez ficar encurvada emocional, espiritual e fisicamente por muito tempo, impedindo que você seguisse seu destino. Entendo que sua luta pode tê-la puxado para baixo, não a deixando enxergar a vida para o futuro, o máximo que você está conseguindo imaginar ou alcançar é como administrar esse sofrimento.

Mas eu quero que você entenda que Jesus tem mais para seu futuro que uma simples adaptação. Para experimentar o alívio daquilo que a mantém de cabeça para baixo e com o coração abatido é preciso aproximar-se de Jesus. Faça isso, ouça a voz de Jesus te chamando, ouça-O chamando pelo seu nome, dê um passo em direção a Ele. Comece a ter uma visão mais ampla da sua situação, não deixe que os problemas te ceguem para as belezas ao seu redor.

O Senhor te conhece, Ele sabe de tudo, Ele pode todas as coisas, Ele sabe quando estamos cansadas, Ele sabe exatamente onde estamos. Ele é o mesmo Deus que viveu neste mundo, revestido de carne, participando da corrida que lhe foi proposta, e Ele nos ofereceu força e coragem para participar também dessa corrida.

Minha oração é que você decida dar um passo em direção Àquele que pode levantar o seu olhar hoje, que pode realizar milagres em sua vida, que pode mostrar beleza em situações em que, a princípio, não exista beleza.

NOTAS

IMPORTANTE

LISTA DE TAREFAS

- ○
- ○
- ○
- ○
- ○
- ○
- ○
- ○
- ○
- ○

Outras informações:

OBJETIVOS E METAS DO MÊS

Dia a dia
OUTUBRO

Segunda-feira	Terça-feira	Quarta-feira	Quinta-feira
2	3	4	5
9	10	11	12
16	17	18	19
23	24	25	26
30	31		

Sexta-feira	Sábado	Domingo
		1
6	7	8
13	14	15
20	21	22
27	28	29

SEMANA 1

Observações:

Domingo 1

SEMANA 2

Segunda-feira 2

Terça-feira 3

Quarta-feira 4

Quinta-feira 5

Sexta-feira 6

Sábado 7

Domingo 8

SEMANA 3

Segunda-feira 9

Terça-feira 10

Quarta-feira 11

Quinta-feira 12

Sexta-feira 13

Sábado 14

Domingo 15

SEMANA 4

Segunda-feira — 16

Terça-feira — 17

Quarta-feira — 18

Quinta-feira — 19

Sexta-feira — 20

Sábado — 21

Domingo — 22

SEMANA 5

Segunda-feira — 23

Terça-feira — 24

Quarta-feira — 25

Quinta-feira — 26

Sexta-feira — 27

Sábado — 28

Domingo — 29

SEMANA 6

Segunda-feira 30

Terça-feira 31

Observações:

NOVEMBRO

Novembro

SEG	TER	QUA	QUI	SEX	SAB	DOM
		1	2	3	4	5
6	7	8	9	10	11	12
13	14	15	16	17	18	19
20	21	22	23	24	25	26
27	28	29	30			

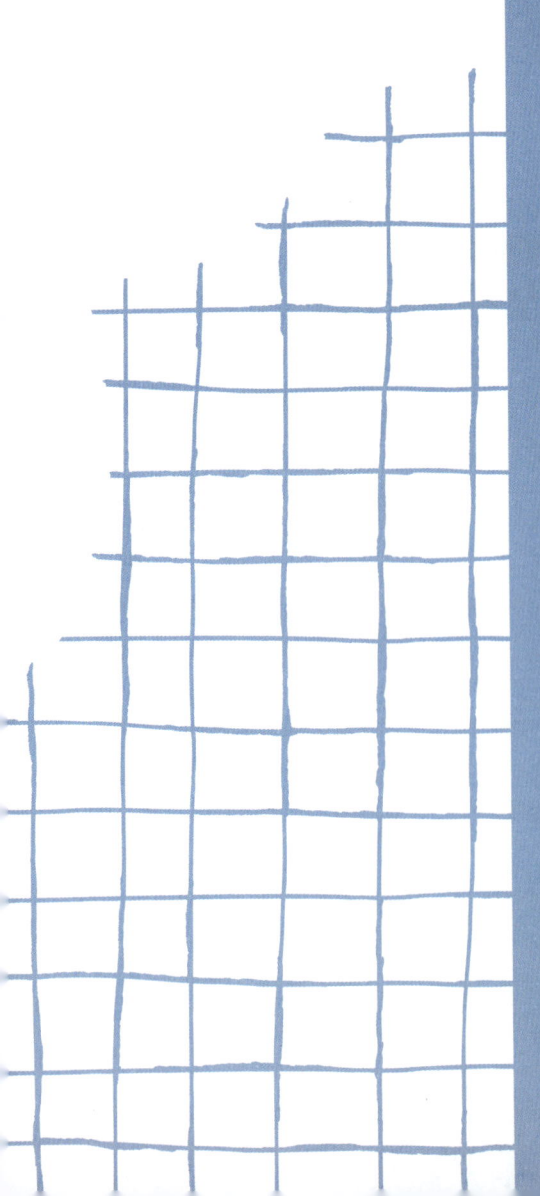

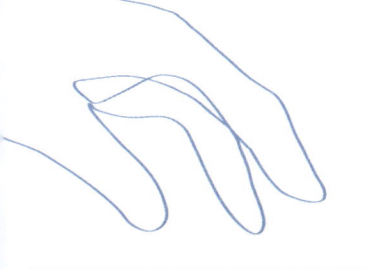

Devocional

Lucas 17: 11-19
"A caminho de Jerusalém, Jesus passou pela divisa entre Samaria e Galileia. Ao entrar num povoado, dez leprosos dirigiram-se a ele. Ficaram a certa distância e gritaram em alta voz: 'Jesus, Mestre, tem piedade de nós!' Ao vê-los, ele disse: 'Vão mostrar-se aos sacerdotes'. Enquanto eles iam, foram purificados. Um deles, quando viu que estava curado, voltou, louvando a Deus em alta voz. Prostrou-se aos pés de Jesus e lhe agradeceu. Este era samaritano. Jesus perguntou: 'Não foram purificados todos os dez? Onde estão os outros nove? Não se achou nenhum que voltasse e desse louvor a Deus, a não ser este estrangeiro?' Então ele lhe disse: 'Levante-se e vá; a sua fé o salvou'."

Os leprosos O reconheceram de longe, não chegaram perto de Jesus, pois eram obrigados por lei a manterem distância das pessoas, porém chegaram perto suficientemente para gritar um apelo de socorro, mas não pediram especificamente por uma cura, mas por misericórdia!

Eles gritaram dizendo: *"Jesus, mestre, tem piedade de nós!".*

Para os dez leprosos, até aquele momento, Jesus era somente mais um profeta – curandeiro daquele tempo que decidiu passar por aquela região. Por conta disso, Jesus não liberou nenhuma palavra de cura instantânea em favor daqueles dez leprosos, mas apenas pediu para eles irem de encontro aos sacerdotes daquela região.

Talvez aqui possa ter gerado uma tremenda frustração nos dez, até porque quem tinha excluído eles da convivência da sociedade foram os próprios sacerdotes. Porém, mesmo frustrados, os dez foram em direção aos sacerdotes.

Jesus os submeteu a um teste de fé, e, enquanto iam, milagrosamente foram curados. Quando eles perceberam que tinham sido curados, os dez judeus curados continuaram na rota em direção aos sacerdotes para mostrarem a cura e, consequentemente, serem recolocados na sociedade. Mas o samaritano não estava nada preocupado em mostrar a cura para os sacerdotes naquele primeiro momento, não estava nada preocupado em desejar ser recolocado dentro da sociedade naquele momento. Ele estava preocupado em reencontrar Jesus, porque entendeu que aquele que o tinha curado era o Messias, pois somente alguém como Ele poderia curar alguém da lepra.

No ato de voltar e agradecer, Jesus liberou uma palavra que sacerdote algum tinha o poder de dizer. Jesus disse: "Parabéns pela sua gratidão, pela sua volta, você entendeu que eu sou mais que alguém que pode curar, você entendeu que eu sou o Messias e, por conta disso, você não estará curado apenas da pele, mas a sua fé de voltar e reconhecer o meu projeto messiânico, a sua fé em mim te salvou!".

Que possamos fazer parte de mulheres que reconhecem que Jesus Cristo pode curar e fazer o que Ele desejar fazer, mas que, acima de tudo, possamos reconhecer que o melhor que Ele tem a nos dar é a salvação da nossa alma. Que possamos ter um espírito de gratidão, pois quando somos gratas, alcançamos níveis de maior profundidade com Cristo; quando somos gratas a Deus por aquilo que Ele faz, compreendemos o que de fato Ele é!

Quantas coisas talvez eu e você não perdemos porque deixamos de ser gratas?

Que isso não aconteça mais em nossa vida, que Deus nos dê e possamos ter a pré-disposição de ter um espírito grato!

NOTAS

IMPORTANTE

LISTA DE TAREFAS

- ○
- ○
- ○
- ○
- ○
- ○
- ○
- ○
- ○
- ○

Outras informações:

OBJETIVOS E METAS DO MÊS

Dia a dia
NOVEMBRO

Segunda-feira	Terça-feira	Quarta-feira	Quinta-feira
		1	2
6	7	8	9
13	14	15	16
20	21	22	23
27	28	29	30

Sexta-feira	Sábado	Domingo
3	4	5
10	11	12
17	18	19
23	25	26

SEMANA 1

Observações:
....
....
....
....
....
....
....

Quarta-feira 1

Quinta-feira 2

Sexta-feira 3

Sábado 4

Domingo 5

SEMANA 2

Segunda-feira 6

Terça-feira 7

Quarta-feira 8

Quinta-feira 9

Sexta-feira 10

Sábado 11

Domingo 12

SEMANA 3

Segunda-feira — 13

Terça-feira — 14

Quarta-feira — 15

Quinta-feira — 16

Sexta-feira — 17

Sábado — 18

Domingo — 19

SEMANA 4

Segunda-feira — 20

Terça-feira — 21

Quarta-feira — 22

Quinta-feira — 23

Sexta-feira — 24

Sábado — 25

Domingo — 26

SEMANA 5

Segunda-feira 27

Terça-feira 28

Quarta-feira 29

Quinta-feira 30

Observações:

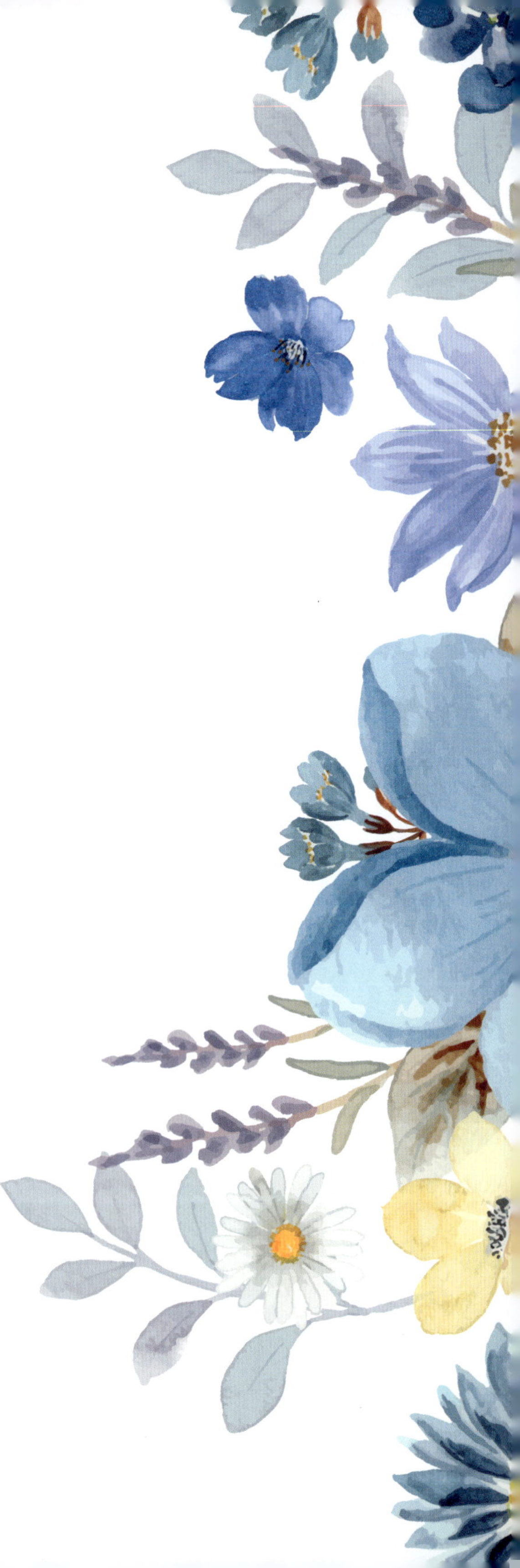

DEZEMBRO

Dezembro

SEG	TER	QUA	QUI	SEX	SAB	DOM
				1	2	3
4	5	6	7	8	9	10
11	12	13	14	15	16	17
18	19	20	21	22	23	24
25	26	27	28	29	30	31

Devocional

Josué 6: 22-25

"Josué disse aos dois homens que tinham espionado a terra: 'Entrem na casa da prostituta e tirem-na de lá com todos os seus parentes, conforme o juramento que fizeram a ela'. Então os jovens que tinham espionado a terra entraram e trouxeram Raabe, seu pai, sua mãe, seus irmãos e todos os seus parentes. Tiraram de lá todos os da sua família e os deixaram num local fora do acampamento de Israel. Depois incendiaram a cidade inteira e tudo o que nela havia, mas entregaram a prata, o ouro e os utensílios de bronze e de ferro ao tesouro do santuário do Senhor. Mas Josué poupou a prostituta Raabe, a sua família, e todos os seus pertences, pois ela escondeu os homens que Josué tinha enviado a Jericó como espiões. E Raabe vive entre os israelitas até hoje."

Josué entendeu o desafio que ele tinha pela frente, por isso, enviou dois espiões israelitas para sondar a terra. Chegando escondidos na terra de Jericó, os dois espiões, para se protegerem, se abrigaram dentro de um prostíbulo, onde a dona se chamava Raabe. Enquanto os dois espiões estavam se apresentando para Raabe e dizendo o propósito da viagem deles, perceberam um certo tipo de tumulto. O tumulto era porque alguém tinha dedurado que eles estavam lá, então Raabe os escondeu em um terraço que tinha em seu prostíbulo. Quando Raabe conseguiu despistar os homens que procuravam os espiões, ela foi conversar com eles sobre os feitos de Deus. Raabe ouvira falar dos milagres que o Senhor realizara a favor de Israel, e agora essa simples mulher cria que as promessas de Deus certamente se cumpririam, suas ameaças seriam efetuadas e que não havia forma de fugir a não ser se submeter a Deus e unir-se ao povo de Israel. A sua fé não ficou olhando o seu passado, se ela era qualificada ou não para proteger homens enviados de Deus, mas a sua fé a levou a implorar aos espiões pelo livramento dela e de toda sua família.

A história de Raabe nos ensina que ninguém está fora do alcance da GRAÇA de Deus. Ela entendeu que não é o rótulo que determina aquilo que seremos, mas aquilo que seremos é determinado por nossa essência dada por Deus, por nossa vontade de agradar a Deus. As decisões que tomamos hoje em Deus decidirão o destino que Deus deseja para nós e para toda a nossa família, assim como foi com Raabe. Essa mulher entendeu que o futuro dela não fora determinado pela sua linhagem familiar passada, mas pela aliança construída naquele momento com Deus.

Independente do que você tenha feito ou de onde você veio, independente de se você tem muito ou pouco conhecimento sobre a fé, saiba que, se você se aproximar de Cristo, Ele te acolherá, te salvará e te qualificará.

Fomos introduzidos na família de Deus, convidados a sentar-se à mesa do banquete do Pai. Não fique olhando através da janela vendo a vida passar, entre e sente-se no lugar que lhe pertence!

NOTAS

IMPORTANTE

LISTA DE TAREFAS

OBJETIVOS E METAS DO MÊS

Outras informações:

Dia a dia
DEZEMBRO

Segunda-feira	Terça-feira	Quarta-feira	Quinta-feira
4	5	6	7
11	12	13	14
18	19	20	21
25	26	27	28

....
....
....
....
....

Sexta-feira	Sábado	Domingo
1	2	3
8	9	10
15	16	17
22	23	24
29	30	31

SEMANA 1

Observações:

_____
_____
_____
_____
_____
_____
_____
_____
_____
_____
_____
_____
_____
_____
_____
_____
_____
_____

Sexta-feira	1

Sábado	2

Domingo	3

SEMANA 2

Segunda-feira 4

Terça-feira 5

Quarta-feira 6

Quinta-feira 7

Sexta-feira 8

Sábado 9

Domingo 10

SEMANA 3

Segunda-feira 11

Terça-feira 12

Quarta-feira 13

Quinta-feira 14

Sexta-feira 15

Sábado 16

Domingo 17

SEMANA 4

Segunda-feira 18

Terça-feira 19

Quarta-feira 20

Quinta-feira 21

Sexta-feira 22

Sábado 23

Domingo 24

SEMANA 5

Segunda-feira 25

Terça-feira 26

Quarta-feira 27

Quinta-feira 28

Sexta-feira 29

Sábado 30

Domingo 31

Memórias
Relembre momentos importantes do ano

JANEIRO
....
....
....
....

FEVEREIRO
....
....
....
....

MARÇO
....
....
....
....

ABRIL
....
....
....
....

MAIO

JUNHO

JULHO

AGOSTO

Memórias

SETEMBRO
....
....
....
....

OUTUBRO
....
....
....
....

NOVEMBRO
....
....
....
....

DEZEMBRO
....
....
....
....

♡

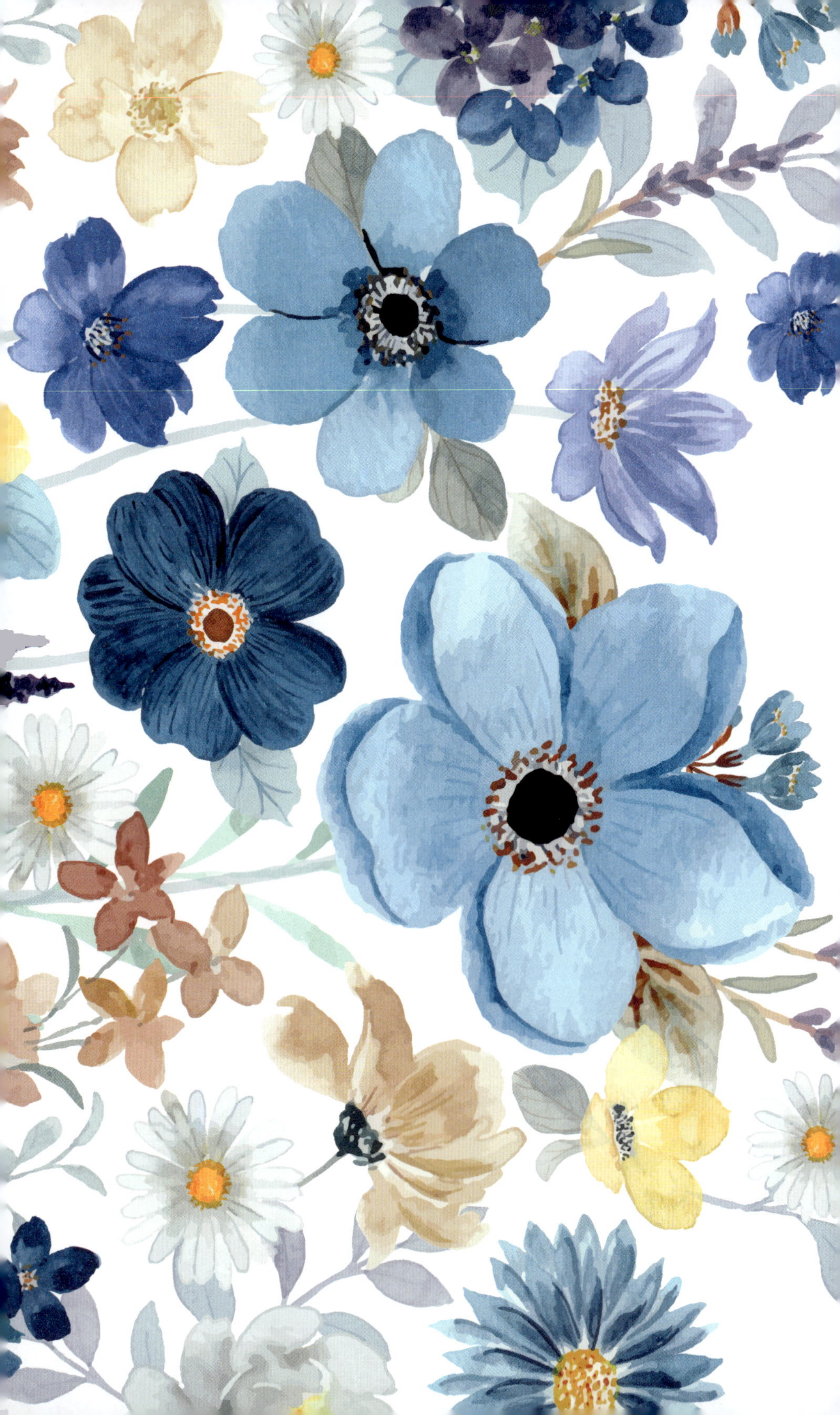

Conheça o Movimento Flores

Movimento Flores é o movimento de mulheres da Igreja ADAI, liderado pela Pastora Tati Soeiro.

Entendemos que, como filhas, temos um chamado: amar a Deus, ser gentil com a humanidade, e tornar Jesus famoso em toda a Terra. Esse chamado pode ser encarado de diversas formas, mas estamos conscientes de que, para o Movimento Flores, isso se traduz em adoração e missão.

Por isso, nos últimos anos, iniciamos os projetos "Por todas nós" e "Fluxo do amor". Com esses projetos, declaramos sobre a vida de mulheres o amor do nosso Deus. Ele, somente Ele, é o nosso refúgio e fortaleza, mesmo nas situações mais sombrias que podemos viver.

O "Por todas nós" é um projeto que diz respeito a uma grave realidade social: a violência doméstica. Esse problema atinge grande parte das mulheres no país. No meio cristão, a situação é ainda mais séria, pois a maioria das vítimas que busca ajuda em suas comunidades de fé é aconselhada a ser paciente, orar e voltar para o marido agressor.

Com muita coragem, determinação e força, o projeto oferece capacitação profissional em abrigos, através de cursos profissionalizantes, em parceria com o Sebrae Delas. Visando resgatar a dignidade dessas mulheres e incentivando-as a não serem dependentes financeiras de seus agressores, concedemos auxílio com os recursos necessários para que sejam microempreendedoras, como assessoria, mentoria e suporte financeiro. Além disso, o projeto realiza encontros com palestras de suporte psicológico e jurídico, assim como escutas individuais e coletivas de mulheres em situação de risco.

Os frutos têm sido vidas de mulheres transformadas por meio da unidade, parceria e aconselhamento, oferecendo o máximo de dignidade e justiça a todas elas.

O "Fluxo do amor" é um projeto que aborda um tema muito importante para nossa sociedade: a falta do acesso básico à higiene feminina. Também chamada de pobreza menstrual, a situação de precariedade leva a consequências como faltas recorrentes na escola e necessidade de usar jornal, papelão e miolo de pão no lugar de absorvente.

O projeto se movimenta com a arrecadação de absorventes em nossa Igreja ADAI e com doações de kits personalizados com pacotes de absorventes e folders com uma mensagem especial a todas as meninas nas escolas.

Além disso, foram iniciadas palestras em escolas com um conteúdo muito didático sobre higiene pessoal e informações sobre a primeira menstruação.

Esse projeto não ficou apenas no Brasil, em nossas comunidades. Tivemos a oportunidade de estendê-lo a Índia por meio da nossa missionária Sophia Castro e de toda equipe Nissi Índia.

Nessa ação, além de doarmos dois pacotes de absorventes reutilizáveis para cada mulher, elas também tiveram uma palestra educacional sobre o ciclo menstrual, como elas devem se cuidar e como devem utilizar os absorventes.

São projetos desafiadores e temos uma capacidade humana muito limitada para o tipo de força que precisamos. Mas é aqui que o Senhor entra. Ele sabe que não somos fortes, então Ele nos faz fortes. E, mais que isso, nos coloca juntas, para fortalecermos umas às outras!

É nessa verdade, como Movimento Flores, que te convidamos a fazer parte disso.

Se junte a nós, amando a Deus, sendo gentil com a humanidade e tornando Jesus famoso em toda terra.

Se desejar saber mais sobre algum desses projetos, mande um e-mail para contato@adai.com.br

Redes Sociais:

Sites:
www.adai.com.br
www.movimentoflores.com.br

Instagram:
@tatisoeiro
@movimentoflores
@adai_oficial

2024

CALENDÁRIO

Janeiro

SEG	TER	QUA	QUI	SEX	SAB	DOM
1	2	3	4	5	6	7
8	9	10	11	12	13	14
15	16	17	18	19	20	21
22	23	24	25	26	27	28
29	30	31				

Fevereiro

SEG	TER	QUA	QUI	SEX	SAB	DOM
			1	2	3	4
5	6	7	8	9	10	11
12	13	14	15	16	17	18
19	20	21	22	23	24	25
26	27	28	29			

Março

SEG	TER	QUA	QUI	SEX	SAB	DOM
				1	2	3
4	5	6	7	8	9	10
11	12	13	14	15	16	17
18	19	20	21	22	23	24
25	26	27	28	29	30	31

Abril

SEG	TER	QUA	QUI	SEX	SAB	DOM
1	2	3	4	5	6	7
8	9	10	11	12	13	14
15	16	17	18	19	20	21
22	23	24	25	26	27	28
29	30					

Maio

SEG	TER	QUA	QUI	SEX	SAB	DOM
		1	2	3	4	5
6	7	8	9	10	11	12
13	14	15	16	17	18	19
20	21	22	23	24	25	26
27	28	29	30	31		

Junho

SEG	TER	QUA	QUI	SEX	SAB	DOM
					1	2
3	4	5	6	7	8	9
10	11	12	13	14	15	16
17	18	19	20	21	22	23
24	25	26	27	28	29	30

Julho

SEG	TER	QUA	QUI	SEX	SAB	DOM
1	2	3	4	5	6	7
8	9	10	11	12	13	14
15	16	17	18	19	20	21
22	23	24	25	26	27	28
29	30	31				

Agosto

SEG	TER	QUA	QUI	SEX	SAB	DOM
			1	2	3	4
5	6	7	8	9	10	11
12	13	14	15	16	17	18
19	20	21	22	23	24	25
26	27	28	29	30	31	

Setembro

SEG	TER	QUA	QUI	SEX	SAB	DOM
						1
2	3	4	5	6	7	8
9	10	11	12	13	14	15
16	17	18	19	20	21	22
23	24	25	26	27	28	29
30						

Outubro

SEG	TER	QUA	QUI	SEX	SAB	DOM
	1	2	3	4	5	6
7	8	9	10	11	12	13
14	15	16	17	18	19	20
21	22	23	24	25	26	27
28	29	30	31			

Novembro

SEG	TER	QUA	QUI	SEX	SAB	DOM
				1	2	3
4	5	6	7	8	9	10
11	12	13	14	15	16	17
18	19	20	21	22	23	24
25	26	27	28	29	30	

Dezembro

SEG	TER	QUA	QUI	SEX	SAB	DOM
						1
2	3	4	5	6	7	8
9	10	11	12	13	14	15
16	17	18	19	20	21	22
23	24	25	26	27	28	29
30	31					

Faça planos!

Faça planos!

Vida

Copyright © 2023 by Tati Soeiro
Copyright © 2023 by Editora Ágape

Todos os textos foram extraídos da Bíblia Sagrada Nova Versão Internacional – NVI

Editor: Luiz Vasconcelos
Coordenação editorial: Letícia Teófilo
Organização de texto: Pastora Tati Soeiro
Ilustração de capa e de miolo: ADAI Creative – Vanessa Julio, Guilherme Nascimento, Ana Eloisa do Vale e Beliza Minozzi
Projeto gráfico, diagramação e composição de capa: Manoela Dourado
Revisão: Alessandro Thomé e Equipe Ágape

Dados Internacionais de Catalogação na Publicação (CIP)
Angélica Ilacqua CRB-8/7057

Planner Vida / [Tati Soeiro]. -- Barueri, SP: Ágape, 2023.
208 p.: il., color.

ISBN 978-65-5724-085-4

1. Agendas – Planejamento 2. Calendários 3. Vida cristã 4. Palavra de Deus

22-7465 CDD 808.883

Índice para catálogo sistemático:
1. Agendas – Planejamento

2023
IMPRESSO NO BRASIL
PRINTED IN BRAZIL
DIREITOS CEDIDOS PARA ESTA EDIÇÃO À
EDITORA ÁGAPE LTDA.

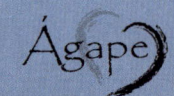

CEA – Centro Empresarial Araguaia II
Alameda Araguaia, 2190 – 11º Andar – Bloco A – Conjunto 1111
CEP 06455-000 – Alphaville – SP
Tel. (11) 3699-7107 – Fax (11) 3699-7323
www.editoraagape.com.br | atendimento@agape.com.br